마흔아홉 지영이가
　　　스물아홉 지영에게

1판 1쇄 발행 2020년 9월 1일

마흔 아홉 **지영이가** 스물 아홉 **지영에게**

지은이 | 천지영

편집장 | 김수민
펴낸곳 | 도서출판 드림드림
등 록 | 제 409-2018-000008 호(2018년 4월 3일)
주 소 | 경기도 김포시 김포한강8로 333, 312-108
전 화 | 032-555-1599　　　　　　**이메일** | yularts@naver.com

편집디자인 | 율아츠
표지 & 일러스트 | 김영은

ISBN 979-11-964130-7-1 03810

저작권자 ⓒ 천지영

이 책의 저작권은 저자에게 있습니다. 서면에 의한 저자와의 허락없이 내용의 일부를 인용하거나 발췌하는 것을 금합니다.

* 책값은 뒤표지에 있습니다.
* 잘못된 책은 구입처에서 바꾸어 드립니다.
* 저자와의 협의하에 인지는 생략합니다.

이 도서의 국립중앙도서관 출판예정도서목록(CIP)은 서지정보유통지원시스템 홈페이지(http://seoji.nl.go.kr)와 국가자료공동목록시스템(http://www.nl.go.kr/kolisnet)에서 이용하실 수 있습니다. (CIP제어번호 : CIP2020035180)

마흔 아홉 지영이가
스물 아홉 지영에게

천지영 지음

도서출판 **드림드림**

추천의 글

홍순성

홍스랩 대표. 생산성 툴 디자이너로 활동하면서 '사람들에게 생산적인 사람이 되는 법'을 개인과 기업에게 교육과 컨설팅을 10년 동안 해 오고 있다. 생산성 주제로 '스마트워킹 라이프(2011)'책을 출간했다. 생산성 주제에 대한 연구가 지속되면서 직장인과 기업가에 필요한 체계적인 방법을 찾아 10번째 책을 집필했다

주변에 대충하는데 잘하는 사람이 있습니다. 그런 사람들의 공통점은 무조건, 대충 시작하지만 빨리 진행하고 최대한 잘 다듬어 괜찮은 결과물을 만듭니다.

제가 본 천지영 대표가 그렇습니다. "올해는 저도 홍대표님처럼 책을 써보고 싶습니다." 라는 말을 들은 지 1주일이 지나지 않아 출판 계약을 했다는 메시지를 받았고, 몇 개월이 지나지 않아 책이 출간되는 지금에 이르렀습니다.

천지영 대표는 빠른 실행력에 박수를 치기도 전에 결과를 만들어 감탄하게 하는 능력을 가졌습니다. 천지영 대표를 일컬어 '이미 했다' 라는 수식어가 날것이 아닌 찐으로 와닿는 순간이었습니다.

천지영 대표는 만나는 모든 사람에게 아이디어를 얻고 그 아이디어를 자신의 사업에, 자신의 목표에 접목해 바로 실행하는 기발한 능력을 갖추고 있습니다.

실행한다고 모두 성공으로 연결된다면 모르겠지만 어떻게 보면 무모한 도전 같은 천지영 대표의 실행력은 실패를 두려워하지 않은 '성공 마인드셋'을 장착한 표본 같다고 느낄 때가 더 많습니다.

다양한 분야의 배움과 경험은 실패를 극복하는 데도, 다시 도전하는 용기를 북돋우는데도 커다란 도움이 됐을 것으로 생각합니다. 배움은 천지영 대표에게 새로운 열정과 슬기로운 지혜를 갖는 원동력이었습니다.

'이번엔 운이 좋았어!'라는 말은 결국, 수많은 도전 가운데 성공을 만들 수 있었다는 겸손의 표현입니다.

도전은 보이지 않은 용기의 힘이 넘쳐야 가능합니다.

뉴질랜드에서 영어를 익히고 돌아온 한국에서 화장품 회사에 입사, 임신 6개월에 무역업, 9년을 몸담은 회사를 퇴직하고 사업에 도전했던 모든 순간순간이 실패와 도전의 과정이었고 결국 지금의 천지영 대표가 됐습니다.

배움과 열정, 도전에 갈증을 느꼈던 29살의 지영이, 49살 한 회사의 대표가 되어서도 여전히 배움도 도전도 멈추지 않았다는 것을 이 책을 통해 볼 수 있습니다.

이 책을 마무리했음에도 천지영 대표는 지금도 새로운 배움과 도전을 메모하고 내일은 실행에 옮기지 않을까 싶습니다.

머리말

마흔아홉이라는 나이에 대한 의미 부여가 필요한 시점이라는 생각이 들었다. 지금까지 앞만 보고 달려왔고, 나이 같은 것을 고려할 상황은 없었다.

그저 직진이었다. 빨리빨리 무엇인가를 해야만 했다. 일도 해야 했고, 아이도 키워야 했고 내 주변도 살펴야 했다. 그리고 '내'가 가지고 태어난 나의 성격과 성향을 가지고 앞만 보고 그저 열심으로 살아왔다.

후회 같은 것은 전혀 하지 않는다. 하지만 이제 돌이켜 보니 아쉬움이 있다. 앞을 향해 나가더라도 옆을 좀 보거나 가끔은 주저앉아 있었으면 어땠을까 하는. 그러면 지나간 과거에서 일어나지 않을 수 있는 일들이 몇 가지가 있지 않았을까? 모든 것은 원인과 결과가 있다. 법륜 스님이 하신 말씀 중에 '인연과보'를 좋아한다. 지금 일어난 모든 일은 내가 해온 일에 대한 결과다. 내가 아팠던 것은 내가 내 몸을 보살피지 못했던 이유였다. 아이가 엄마의 애정이 모자랐다면 분명 내가 아이보다 다른 것에 초점을 맞추며 살아 왔다는 것이다.

그래서 정리해보고 싶었다. 앞으로 남은 삶은 지나온 삶처럼 열정적으로 에너지 넘치게 살 자신은 없다. 청춘과 더불어 보낸 내 시간은 '청춘'이라는 시간이었기 때문에 가능한 것이었을지도 모르겠다. 이제는 뒤도 돌아보고 주저앉아 쉬어도 보고 옆도 보며 살아가고 싶다. 그러려면 내 치열한 젊은 날에 대한 정리가 필요할 거라고 생각했다. 이 책을 쓰는 일마저도 내가 계획하고 의도한 결과가 아니었다. 매주 모이는 모임에서 열심을 다해서 참여했고 그 곳에서 글을 쓰는 계기를 만들어주신 분이 계셨고, 글을 쓸 수 있는 상황이 전개되었다.

코로나로 세상이 힘들지만, 코로나가 아니었다면 글을 쓸 엄두도, 운동할 엄두도 내지 못했을 것 같다. 이 책을 통해 나를 돌아보고 내가 소홀히 했던 주변을 돌아보고 그리고 어디선가 나처럼 힘든 시간을 보냈을 수도 있는, 희망이 없다고 좌절하고 있을 수 있는 누군가에게 메시지를 전달하고 싶었다. 한참을 주저 앉아 있으라고. 그러다가 조금의 힘이 나면 다시 움직이라고. 어디든 길이 열린다고. 하지만 그 길의 끝에 또다시 우리는 같은 상황을 맞닥뜨릴 수도 있다고. 그러면 또 일어나면 된다고.

2020. 9. 1
천지영

목차

1장. 인생의 모험이 시작되다 _ 013

2장. 뉴질랜드 영어공부 생생체험기
과거 추억여행 _ 045

3장. 뉴질랜드를 다녀와서 _ 099

4장. 이제 시작이다 _ 137

5장. 홀로서기 자립하다 _ 173

1장
인생의 모험이 시작되다

매 나이 끝자리에 9라는 숫자가 붙으면 커다란 변화의 시기를 맞았던 것으로 기억하는 나는 20여 년 전 나이의 끝자리 숫자가 9가 된 어느 여름날 한국을 떠나 뉴질랜드에 정착했었다.

사람마다 각자 다른 인생의 크기를 가지고 있다. 한명 한명이 모두 다른 드라마를 찍기 위해 이 지구상에 왔고 어떤 사람은 큰 변화 없이 살다가 한 생을 마감하고 어떤 사람은 파도타기를 하며 스릴을 즐기듯 인생의 다양한 체험을 하는 것 같다. 나는 후자에 가깝다.

어려서부터 지극히 평범했던 나는 평범하지 않았다. 나의 가정사는 일반적이지 않았고, 나는 1남 3녀의 막내로 태어났지만, 전혀 막내처럼 성장하지 못했다.

어려서부터 '삶'과 '생'에 관심이 많았고, 내가 가진 환경을 극복하고자 하는 마음이 간절했다. 아마 자기계발서를 찾아 읽을 수 있는 나이였으면 지금보다 더 나은 상태에 있지 않았을까 싶다.

저 기억의 심연에서 가장 큰 특징을 하나 끌어올려 보면 나는 책을 좋아했다. 그렇지만, 왜 좋아했는지는 아직도 모르겠다. 책에 대한 집착이 좀 강했지만, 작가들이 좋아하는 그런 방식은 아니었던 것 같다. 작가가 될만한 자질을 가져 책의 세계에 빠졌다기보다는 아마도 세상을 탐험하는 가장 좋은 수단이라 여겼던 것 같다.

그 습관은 나이 들어서 읽지 않아도 '책'은 사든지, 빌리든지 늘 옆에 두어야 하는 것이라고 생각했고 나는 할 일 있을 때나 없을 때나 도서관에 들락거리며 내 초년 인생의 대부분 시간을 그곳에서 보냈다.

그럼에도 불구하고 나는 평범한 그저 평범한 일상사를 사는 가족 구성원의 일원이었고, 그 평범하다고 주장하면서도 그렇지 않은 조각조각의 사건들을 마주하며 매일 일어나는 일들을 타인의 시선으로 바라보는 연습을 어려서부터 해서인지 늘 나의 일을 '객관적'으로 관찰하게 되었다.

나는 말하기를 좋아하고 누군가에게 무엇을 전달하는 것을 좋아했다. 내 꿈은 어려서부터 당연히 '선생님'이었다. 어디서든 나는 친구들과 선생님 놀이를 하였고, 아버지가 가져다 주신 엄청난 양의 종이를 책 만들기와 노트 만들기로 소모했다.

누군가에게 삶은 평탄하고 누군가에게는 울퉁불퉁한 갈림 길을 헤쳐나가는 스토리가 된다.

고등학교를 졸업하고 꿈은 잠시 접어두고 나는 사회생활을 시작했다. 친구들 모두 대학 신입생으로 들떠 있는 삶을 살 때 나는 유니폼을 입고 보험회사에서 사회인으로서의 첫발을 내디뎠다.

원래 무엇이든 빨리 배우고 나름 영리한 나는 회사 일을 정말 빠르게 배워나갔다. 이왕 시작한 사회생활, 이곳에서 성공해야겠다는 생각을 한 것 같다. 3개월 단위로 선배들의 일을 해치우듯 배워나갔다. 배움의 속도도 빠르고 눈썰미도 있었지만, 지금 생각해보면 참 사회생활 하는 능력은 없었던 것 같다. 그래도 일 잘하는 직원을 최고로 쳐주던 시절이었기 때문에 나이 어린 똑똑한 친구를 눈여겨본 과장님과 선배들 덕분에 나는 무난한 직장인의 삶을 살 수가 있었다.

 호기심이 많고 배우는 것을 좋아한다는 것은 아마 이때부터 드러났던 것 같다. 내가 배울 수 있는 모든 일을 미친 듯이 배우고 나니 갑자기 회사 생활의 끝이 보였다. 90년대 사회는 아직도 남녀평등과는 먼 사회구조였기 때문에 20대 사회생활을 시작한 나에게 회사 조직에서 성공한다는 것은 너무나 아득한 일이었고, 그럼에도 나는 왠지 현재보다 더 나은 삶을 살아야 한다는 생각을 하곤 했다. 내 마음 저 깊은 곳에서 삶에 대한 강한 욕망이 꿈틀거리는 것을 느꼈던 것 같다.

 내 인생의 첫 고민과 도전은 이때부터 시작된 것이다. 1년의 사회생활이 끝나갈 무렵 나는 막연하게 내 미래를 고민하고 있었다. 하지만 뭐 별다른 수가 없었다. 회사를 그만두고 대학을 가겠다고 할 용기도 없었고 스스로 경제적 독립을 한 것이 좋기도 했다.

그러다 내 인생의 방향을 바꿀 '귀인'이 나타났다. 드라마틱하고 늘 스토리가 만들어지는 내 인생에 교회다닐 때 '엄친아'였던 거리가 있었던 친구가 갑자기 공부하라는 제안을 한 것이었다.

03

경제적 독립을 해야만 대학을 갈 수 있는 막연한 상황이었을 때, 내 상황에서 희한하게 내 곁에서 맴돌며 나를 도와주겠다는 이 친구 덕에 나는 다시 꿈을 꾸기 시작했고 혹시나 하는 마음으로 두 달여의 실랑이 끝에 공부를 시작했다. 물론 직장 생활은 계속하면서 단과 학원에 다니기 시작했고, 매주 일요일에 3시간의 과외를 받기로 했다.

인생이 어디로 갈지 안다면 좋을까? 사실 우리는 당장 1초 후의 일도 모르기 때문에 인생을 살아볼 가치가 있는 것으로 정의하지 않을까?

이 친구와의 과외로 시작된 내 인생의 변화는 이 후에 일어날 일들의 엄청난 변화의 시작점이 되었다.

일요일마다 만나는 친구의 모습에 설레 나는 공부를 참 열심히 했다. 친구한테 무엇인가를 배운다는 것에 자존심 같은 것은 없었다. 그냥 일상화된 내 삶에 어떤 활력소가 되기도 했고 무엇인가를 새로 도전한다는 것에 열정이 솟아올랐다.

내가 한 번도 다른 꿈을 생각해 본적 없는 교사가 되는 길. 그게 어쩌면 이루어질 수 있다는 희망이 싹트기 시작하기도 했고, 나에게 무한하게 자신의 시간을 투자해주는 친구에게 무엇인가 은혜 갚음을 해야 할 것 같기도 했다.

남녀가 함께 시간을 보내면 그럴듯한 에피소드라도 있으련만, 나는 정말 선생님과 제자처럼 열심히 친구가 하라는 데로 방향을 잡고 낮에는 일하고 밤에는 공부하는 도전의 시간을 보냈다. 나는 매일매일 다시 무엇인가를 한다는 뿌듯함을 느끼기 시작했다.

3개월간의 과외를 받으며 또 홀로 공부하며 드디어 나는 결론을 내렸다! 그래 나는 내가 원하는 일을 하며 살아야겠다! 그래서 5월에 사표를 던지고 공부에 몰입하기로 했다. 물론 나의 이런 결단을 끌어낸 것은 성실하게 한주도 빠짐없이 일요일마다 과외를 해준 친구 덕분이었으며, 그 후에도 정말 비가 오나 눈이 오나 이 친구는 하루도 빠지지 않고 시험을 볼 때까지 일 년의 시간을 내게 쏟아부어 주었다.

처음 3시간으로 시작한 과외는 점점 늘어나 어느새 7시간이 넘는 과외가 되었고, 단 하루도 결석없이 나의 공부를 체크해주었으며 대학시험을 치르는 날, 그리고 면접 보는 날까지도 내 곁에서 함께 해주었다.

나는 정말 운이 좋은 사람이었다.

내 인생에서 그 시절만큼 공부에 몰입한 순간은 다시 없을 것 같다. 그렇게 다시 하기도 어려울 정도로 나는 정말 최선을 다했다. 그것만이 그 친구에게 보답하는 길이었고 내 인생의 새로운 길을 개척하는 길이었다.

짧은 재수 기간이었지만, 나는 합격증을 받았고 친구는 누구보다 기뻐해 주었다. 내 인생은 영화 '트루먼 쇼'처럼 친구의 친구들이 모두 관람하고 있었고, 나는 해피엔딩의 결말을 친구에게 그리고 나를 응원해 준 사람들에게 안겨주었다.

하늘을 뛸듯이 날며 자기 일처럼 기뻐해준 친구는 내가 합격하고 새로운 삶을 시작할 무렵 군대에 가야 했고, 나는 홀로 대학생활을 즐기기 시작했다.

04

 지금 돌이켜보아도 나는 어느 한순간 '여유로운' 삶을 살아 본 적은 없는 것 같다. 내 삶은 언제나 '치열' 그 자체였다. 늘 '열심'이라는 단어와 '최선'이라는 단어를 한 몸으로 느끼며 실천하고 살았던 것 같다.

 낭만이 넘치는 대학 생활을 지냈느냐고 하면 역시나 나의 대학 생활은 나를 상징하는 단어 그 자체였다. 지금도 동기들이 만나면 무엇 때문에 그렇게 열심히 살았느냐고 좀 '재수 없었다'고 한다. 수업에 빠진 적도 없고 늘 점수는 상위권이었으니 착하고 성실한 고등 대학생이었다. 친구들에게는 그다지 좋은 대학 동기가 아니었지만, 교수님들이 좋아하는 학생이었고, 3학년 때는 경영학 교수님 조교로도 생활했으며, 내가 꿈꾸던 교직과목을 이수하고 4학년 때는 교생실습을 나가기도 했다.

꿈을 향한 한 걸음을 내디뎠다고나 할까? 그 와중에도 2학년 때는 학생회 일도 하고 나름 전 세계 대학생들과 교류하는 동아리 'AISEC'이라는 것을 학교 내 새로 만드는 경험도 했었다.

매일 매일 대학 생활의 고뇌를 나누는 술자리를 가지기도 했고, 대학로에서 밤새 마로니에 공원을 배회하며 소주와 새우깡을 들고 선배들과 인생을 논하기도 했다. 돈만 생기면 무섭게 술집으로 향하곤 하던 선배들과 술이 곧 인생이요, 인생이 곧 술이라는 이상한 공식을 이야기하며 그래도 나름 대학의 추억을 하나씩 쌓아가기도 했다.

교수님 방에서 추운 겨울날 창문을 활짝 열고 '케니지'의 음악과 함께 밤하늘을 보며 나의 미래가 어디로 가고 있는지 고민해보기도 했다. 그러면서도 나는 교사가 되어 내가 가진 것들을 아이들과 나누는 삶을 꿈꾸기도 했다. 숱한 밤들을 고뇌하며 이것이 바로 대학생의 권리라고 생각한 것 같다.

그렇지만, 정해진 것은 없었다.

05

 나는 다시는 그런 생활을 할 수 없을 정도로 외롭고 고된 재수 생활을 거쳐 '무역학과'에 입학했고, 교사가 되고자 했던 내 꿈을 이루기 위해 교육학을 이수했다.

 졸업할 때 나는 당당히 교사의 자격을 취득했고, 드디어 내가 그토록 원하던 교단에 서게 되었다. 나는 내 짧은 삶을 통해 겪은 경험을 바탕으로 아이들에게 희망을 주는 교사가 되고 싶었다.

 우리나라 고등학교는 인문계와 상업계 (혹은 공업계)로 나뉘어 있었다. 지금은 특성화된 고등학교들로 이름도 바뀌고 상황도 바뀌었다. 당시에도 많은 아이들이 대학에 가기위해 인문계를 진학했고 한동안 삐뚤어진 삶을 선택하거나 공부에 재미를 모르는 아이들은 상업계 고등학교를 진학했다. 전공이 상과계열이어서 나는 상업계 고등학교에서 '상업경제', '상업실무', '상업부기' 같은 과목을 가르쳤고 이미 낙오자라는 실패감을 맛 본 아이들이 모여있는 학교에서 실패나 낙오자라는 것은 없다는 것을, 누구보다 자기 삶에 최선을 다하면 삶은 그 결과를 반드시 되돌려 준다는 것을 알려주고 싶었다.

나는 이야기꾼이 되어 아이들에게 수업과 인생을 적절히 섞어 진행했고, 아이들은 나를 잘 따라와 주었다. 나는 주말마다 내 나름대로 수업 준비를 하며, 아이들과 함께하는 수업 시간에 대해 굉장한 열의를 느꼈다.

나는 선하고 좋은 인상의 선생님이 아니었다. 내 첫인상은 깐깐하고 무서운 선생님이었고, 4월 중간고사 기간까지는 나는 나의 그런 모습을 유지했다. 그러다 중간고사가 끝나면 나는 180도 탈바꿈하여 아이들이 가장 좋아하는 선생님이 되기 시작하곤 했다.

이제 사춘기를 지나 고등학생이 된 아이들의 가장 큰 관심사는 물론 '사랑'이다. 누구나 막연하게 꿈꾸는 사랑 이야기. 중간고사가 끝나 긴장이 풀어진 상황에서 툭 던진 한 아이의 말 '선생님 첫사랑 이야기해주세요'.

이 질문을 시작으로 나는 아련한 나의 대학 생활 동안, 사회생활 동안 있었던 연애 이야기를 시작했고, 나는 이야기꾼이 되어 아이들의 혼을 빼놓았다. 물론 나는 수업시간에 이야기만 한 것은 아니었다. 모든 전제조건은 수업을 열심히 듣고 참여하는 것이었다. 60명이 한마음이 되어 수업에 참여하고 이야기에 집중하니 나는 더욱 열심히 아이들을 자극할 수 있는 수업준비를 해야 했다.

다양한 학습 도구로 내가 선택한 것은 '심리테스트', '사랑 이야기', '세계에서 일어나는 미스터리 이야기', '미래를 보는 손금' 등 다양했다. 아이들은 선생님의 열정에 보답하듯 열심히 수업에 집중했고 나는 재미있는 선생님이자 좋은 교사 되어 가고 있었다.

06

 가르치는 것은 내게 정말 '열정'을 불러일으키는 일이었다. 나는 아무리 떠들어도 지치지 않았다. 60명이 넘는 학생들 앞에서 한 시간 수업하면 선생님들은 대부분 지쳐서 교무실로 돌아온다. 그러나 나는 정말로 하나도 힘들지가 않았다.

 초보 선생님으로 아이들과 실수도 잦았지만, 나는 어엿한 교사였고, 4년 가까이 교단에서 아이들을 가르쳤고, 많은 아이가 연예인을 좋아하듯 나를 따라주었다.

한 시간 내내 아이들을 바라보고 떠드는 나의 '교사 경험'이 일반적이지 않았지만, 학교라는 공간에서 내가 독단적으로 행동한다는 것이 그다지 좋지 않다는 것을 알기 시작할 무렵 나는 약간의 이단아가 된 느낌이었고, 빈 공강 시간에 교무실에 앉아있는 나는 더 이상 즐겁지가 않았다. 내가 아이들에게 전달해 주고 싶은 것들을 제도권인 학교는 불편해했다. 숨 막힐 듯한 공간, 공무원 사고방식, 내가 원하는 것을 할 수 없다는 좌절 등이 나를 점점 무력하게 했고, 나는 생기를 잃어가기 시작하며 교사라는 직업이 내게 어울리지 않는다는 것을 깨닫기 시작했다.

그러나 늘 누구에게나 그렇듯이 인생의 막이 새롭게 만들어질 때를 위한 인생의 큰 변수가 다가오고 있었고, 나는 이 사실을 눈치채지 못했다.

어느 소설책에서 보듯 나는 우연히도 어느 날 친구와 카페에서 수다를 떨고 있었다. 실연의 아픔을 수다로 극복하던 친구, 어설픈 남자친구와 헤어짐을 반복하던 나는 학교 안 담장을 벗어나고 싶었고, 내가 원하던 '꿈'과 내가 하고 있는 '직업' 사이에서 갈등을 겪고 있다는 것을 이야기하고 있었다. 물론 갈등의 기폭제는 흔하디흔한 '연애사'로 시작되었다.

친구와 나는 이 현실 타개를 위해서 무언가 '강력한' 인생의 백그라운드 편집이 필요하다고 생각했다. 나이 스물아홉에 매일 매일 닳아가는 일상을 살며 재미없는 삶을 그려내는 대신 서른이 되는 우리 삶을 스스로 개척하기 위해 새로운 '이력'을 만들자고 했다.

나는 마치 이날을 위해 몇 년 안 되는 교사 경력마저도 밑그림이었다는 생각을 했던 것 같다. 공무원 생활처럼 반복되는 일상이 맞지 않았고, 발전보다는 현상유지를 위한 조직 자체가 나에게는 답답한 환경임을 알았다. 뭔가 날갯짓을 할 수 있는 커다란 장이 필요했다.

그 후로 나와 친구는 매주 토요일마다 종로의 수많은 유학원을 찾아다녔고, 인생의 한방처럼 큰 변화를 일으키려면 어떤 게 필요할까를 고민하다, 영어 한마디도 제대로 못 하는 우리 인생에 영어로 인생을 바꿀 수 있는 기회를 마련해주기로 했다.

지금 생각하면 유학원들은 모두 장삿속이었을 테니 당연히 우리 삶의 개혁을 응원했을 텐데도 우리는 유학원 컨설팅에 반쯤 홀려 이 나라 저 나라를 비교 분석하다 철저히 영어에 노출되고 외로운 영어 공부를 하기 위하여 '뉴질랜드'라는 나라로 가기로 결정했다.

'이런 결정을 하려면 적어도 인생에 큰 계획이나 '결정적' 사건이 있어야 하는 거 아닌가?' 하는 생각을 할 겨를도 없었다.

일주일에 6일을 학교에 출근하던 당시, 답답한 벽 안에 갇힌 것 같은 나의 매일매일 직장인으로서의 삶은 토요일 오후 유학원을 맴도는 시간과 말도 안 되는 미래를 꿈꾸며 수다 떠는 것으로 활력을 되찾았다.

아이들과 헤어지는 아쉬움과 사람들의 황당한 눈빛과 함께 쏟아지는 관심들, 그리고 인생이 바뀔지 모른다는 묘한 기대와 자유로움, 해방감, 이루 말할 수 없는 느낌들로 벅찬 하루하루를 보내면서도 저 가슴 한구석에 알 수 없는 불안감이 도사리고 있었던 것도 사실이다.

그러나 모두 부인하고 싶었다. 그냥 부인하고 있는 그대로를 받아들이며 잘하는 것이라고 스스로를 위로하며 1학기가 끝나는 무렵부터 뉴질랜드로 떠나는 날까지 그저 즐기기로 했다.

07

항공권을 발권하러 가는 날.

나는 너무도 설렜다. 지난 몇 달간 세웠던 계획들이 오늘 항공권을 발권함으로써 모든 것을 종결함과 동시에 새로운 시작을 할 수 있다는 것의 신호라고 믿고 싶었다. 나는 드디어 사표를 내고 학교생활도 정리했다. 한 학기만 마무리하고 떠나는 내게 아이들은 큰 선물을 주며 아쉬워했고, 마치 학자가 되기 위해 외국으로 유학을 떠나는 '유학생'이 된 것처럼 들뜨기도 했다.

토요일 수업이 끝나고 유학원에 먼저 도착한 나는 가져온 돈을 내밀며 발권을 요청했다.

너무도 오래 준비한 것이어서 새로울 것도 없고 모든 과정이 자연스러웠다.

함께 가기로 했던 친구를 기다리는 시간도 설렜다.

그러나 시간이 흐르면서 이상한 느낌이 들기 시작했다. 친구는 나타나지 않았다. 유학원은 토요일이라 일찍 마감하고 문을 닫아야 하는데도 친구는 연락이 없었던 것이다. 전화기를 아무리 눌러도 신호음만 울리고 친구는 수화기를 들지 않았다.

함께 가는 것을 철석같이 믿고 있던 나는 단 1%의 의심도 없이 무슨 일이 생긴 모양이라 하며 친구는 월요일에 발권하라고 하겠다고 하고 문을 닫는 유학원을 뒤로하고 유학원이 있는 건물의 계단에 서서 계속 전화기의 버튼을 눌러댔다.

드.디.어.

여러 번의 전화벨 소리에 마침내 저쪽에서 전화를 받았다. 반가워서 소리치며 어디냐고, 나는 발권을 했다고, 속사포로 말을 내뱉으며 너는 월요일에 돈을 송금하면 될 것 같다고, 그러면 아무런 문제 없이 발권을 해준다고 친절히 설명하는 내게 수화기 너머 들려오는 소리는,

'지영아...미안해...'였다.

순간 무슨 말인지 전혀 이해가 가지 않았다. 그것은 오지 못해서 미안하다는 뉘앙스가 아니었다.

'지영아...나 못가...나 처음부터 가고 싶은 마음이 없었어…'

'나..한국이 좋아...떠나고 싶지 않아...'

'니가 너무 열정적으로 알아보러 다니니까 내가 이 말을 못 하겠더라고... 오늘 내내 너무나 힘들었어... 나 못가... 나는 가고 싶지 않아...'

사람들은 이런 상황에서 이런 말을 들으면 뭐라고 할까? 순식간에 내 머릿속을 파고드는 다양한 생각들과 말들이 내 입을 닫아버렸다. 나는 그저 멍하게 그 자리에 그냥 서서 한없이 그리고 하염없이 넋을 놓고 있었다.

무슨 상황인지 내가 알아차리기까지 나는 그저 돌부처처

럼 계단에 서서 굳어진 상태로 해가 질 때까지 있어야 했다. 어둑어둑해지면서 나는 정신을 차리기 시작했다.

현실을 직시하기 시작했다. 발권하러 오는 나는 어제 '사표'를 낸 것이다. 한 학년을 끝내지도 않고 무책임하게 학기 중에 사표를 낸다는 말을 들으며 머리 뒤끝이 따끔거리던 어제의 나를 생각하고, 오늘 나타나지 않은 친구가 건넨 한마디를 생각하며 내 인생 전체에 '순간'적인 혼란이 온 것이었다.

혼란.

나는 스스로 수습하기 시작했다. 이것은 엎질러진 물이었다. 주워 담을 수가 없었다. 나는 친구를 원망할 사이도 없었다. 그러기에 나는 너무나 큰 일을 벌인 것이다.

지금 생각해도 당황스러운 것은 영어를 배우러 간다면서도 나는 떠나는 날까지도 영어 공부를 하나도 하지 않았다는 것이었다. 날마다 송년회와 이별 파티를 하기 바빴고 하루하루 여행을 가는 것 마냥 설레며 짐 싸기에 바빴다.

나는 영어를 배우는데 선천적으로 배울 수 없는 '뇌구조'가 있다고 생각하며 성장했다. 중학교 시절, 고등학교 시절, 물론 시험을 위한 영어는 그럭저럭 해낼 수가 있었다. 그런데 이상하리만치 나는 '영어'가 '들리기' 시작하면 잠이 오기 시작했다.

내 뇌는 걷잡을 수 없이 영어라는 언어와 직면하면 바로 잠이 들었다. 나는 수없이 '듣는' 영어를 공부하려고 노력했다. 대학시절 EBS 방송을 들으며 영어를 공부해 봤지만, 교양시간에 심지어 팝송만 틀어줘도 나는 랩실에서 조차 스르

르 잠이 들었다.

출근길에 영어 공부를 위해 EBS 모닝 스페셜을 듣곤 했는데 정말 신기하게도 'Good morning everyone'을 듣다가 'Bye~ see you tomorrow'에서 잠이 깼다.

한때 미국 여행을 가자며, 학교 선생님과 함께 회화 공부를 했다. 문자로 된 회화책을 보며 외우는 것은 가능하나 테이프를 트는 순간에는 잠이 들었고, 머릿속으로 외운 대화 몇 마디 정도만 해볼 수 있었다. 대학 시절 토익이라는 새로운 영어 테스트가 시작되고, 여기저기 스터디를 하는 선배들 사이에 껴서도 나는 언제나 토익 1단계가 시작되면 공부하는 선배들 사이에서 잠을 자고 있었다.

'그래, 내 뇌는 영어를 할 수가 없는 뇌로구나'라고 나는 정의를 내렸었다.

지금 생각해도 너무나 신기한 것 한가지는 '그럼에도 불구하고' 나는 이상하게 영어에 대한 동경이 있었다. 그건 왜 그런지 모르겠다. 미지의 세계를 탐험하고 싶다는 동경처럼 저 마음속 깊은 곳에 영어를 해야 한다는 생각이 자리 잡고 있었다. 영어를 그렇게 못하는데도 불구하고 간혹 영어로 꿈을 꾸며 러시아를 여행하기도 했다.

이 세상에 태어나 스물아홉이 되도록 나는 제주도를 가면서 타본 비행기가 전부였다. 대학 시절 나는 AISEC이라는 국제 단체 동아리 활동을 했지만, 정작 비행기를 타야 하는 상황에서는 쉽게 갈 수가 없었다. 동기들 모두 어학연수라는 것을 빌미로 캐나다로, 미국으로 대학 재학 시절 다녀올 때 나는 학과 공부와 아르바이트로 하루하루를 분주하게 살고 있었고 대학 4년을 빨리 마치고 사회로 나가고 싶었다. 내가 가고자 하는 길은 영어가 필요 없는 길이었음에도 나는 왜 그런지 영어를 늘 동경했다.

그런데.

영어만 들으면 그렇게 잠이 오는 것이다. 이럴 땐 보통 사람들은 아마도 포기하고 영어로부터 멀어져 갈 것이다.

정말 뜨악한 상황에서 혼자 가게 된 '뉴질랜드'는 나에게 공포의 대상이 될 수 있었던 것이 바로 이런 이유였다. 누군가와 함께하면 서로 의지하며 불안과 두려움을 많이 줄일 수 있겠지만, 그런데 영어만 들으면 잠을 자는 뇌를 가진 내가 서른을 눈앞에 둔 그 때, 영어가 언어인 미지의 세계로 혼자서 새로운 '삶'을 살러 가야 한다는 상황은 그야말로 공포 그 자체였다

 돌이켜보면 너무나 용감한 행동이었을 그 당시의 결정이 사실은 두려움과 외로움이 가득한 길을 가게 한 결정들이었다.

 한적한 시골에서 노랑머리에 갈색 눈을 가진 사람들에게 언어를 배우고 새로이 더해진 능력이 내 인생에 어떤 변화를 줄 것인지를 생각하며 미지의 세계로 간 것 같지만...사실은 아무것도 생각할 수 없고 엎질러진 물을 다시 담을 수 없는 심정으로 떠나게 된 것이다.

 살아간다는 것은 매 순간이 모험이다.

 한치도 알 수 없고 앞도 보이지 않는...

2장
뉴질랜드 영어공부
생생체험기
과거 추억여행

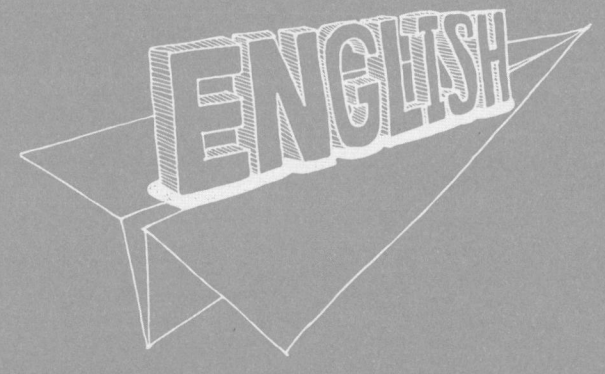

01

왁자지껄 여섯 식구로 모여 살던 내가, 주변에 친척으로, 친구로 둘러싸여 있어야 살 수 있는 내가, 외롭게 있는 것을 가장 싫어하고 혼자 있는 것도 두려워하는 내가, 홀로 비행기를 타고 낯선 나라로 영어를 배운다는 명목으로 떠났다.

인생에 가장 큰 사건들 몇 개를 간추려 본다면 뉴질랜드행은 대학을 간 사건 다음으로 두 번째 큰 사건이었다.

2000년 국제 공항은 김포공항이었다. 가족 중에 처음으로 낯선 나라로 떠나는 나를 배웅하기 위해 우리 가족 모두는

공항으로 출동을 했다. 어린 조카들까지 나와 홀로 가는 내 길을 환송해주었다. 나는 뭔가 대단한 것이라도 하러 가는 것처럼 용감하게 길을 나서며 가족들에게 인사를 하고 게이트로 들어갔다.

3시간 반을 비행기를 타고 홍콩에 도착해서 호주로 갔다가 뉴질랜드로 가는 24시간 가까운 여정에 처음 만난 영어 울렁증, 홍콩에서 비행기를 갈아타야 하는데, 처음 타본 비행에 낯선 국제공항은 미아가 될뻔한 상황을 만들어주었다. 비행기표를 다시 발권받아야만 뉴질랜드행 비행기를 탈 수 있었으나, 안내를 해줬겠지만 안내멘트에 귀 기울이지 않았던 나는 어느 멋진 노신사분 아니었으면 뉴질랜드로 가지 못하고 한국으로 돌아왔을지 모르겠다. 지금 생각해보면 나의 '행운'은 교회 친구를 만난 이후부터 계속 되어지고 있었다.

공항에서 무조건 직진을 하며 걸어가다 인포메이션에서 되지도 않는 영어, 손짓, 발짓하며 물어보다 포기하고 이리저리 헤매고 있는 나에게 다가온 할아버지는 나처럼 헤매는 첫 비행의 고객을 잘 알아보시는 듯했다. 표를 내놓으라고 하시더니 따라오라 하시며 내가 다음에 타야 할 비행기 티

켓을 발권받도록 도와주시고는 본인의 길을 가셨다.

긴 여정에 긴장까지 더해져 오클랜드에 도착하자마자 숙소로 이동 후 무려 이틀간을 쉴새 없이 잠만 잤다. 잠깐 정신 차리고 동네 슈퍼에 가서 먹을 거 하나 사 들고 와서 또 잠을 자기를 반복하여 사흘째 겨우 정신을 수습해 보니 낯선 언어가 온통 주위에서 파도를 치고 있었다.

아무것도 하지 않았는데 이렇게 피곤할 수 있다는 사실이 신기하게 여겨지면서도 나는 계속 잠을 자고 있었다. 잠은 모든 것을 회복시켜주는 수단인 동시에 잊게 해주는 마법의 약같은 것이다.

지금 돌이켜보면 내 인생 전체에서 한 페이지 쉼표를 찍는 순간이었겠지만, 아마도 내가 왜 다니던 직장을 그만두고 여기 이 낯선 공간에 있는지를 접수하는데 시간이 꽤 필요했었던 순간이기도 했었다.

당시 친했던 고등학교 친구는 나와 비슷한 시기에 영국으로 갔고, 영어를 공부하는 뜻은 다 이루지도 못하고, 뜻하지 않게 프랑스인을 만나 한국을 등지고 프랑스 어느 마을에서 결혼하고 딸과 아들을 낳고 잘살고 있다. 나는 뉴질랜드 행을 통해 인생 전체의 로드맵이 바뀌어 현재의 삶을 살아가고 있다. 어쩌면 나도 그 친구 같은 인생을 꿈꿨는지도 모르겠다.

 낯선 나라에서 적응하기 위해 홈스테이를 했고, 오클랜드 대학 기숙사에서 한 달반 정도 그리고 뉴질랜드 현지인과 함께 다운타운에서 귀국할 때까지 살았는데, 지금 생각해보면 장소를 이동할 때마다 기가 막히게 '누군가의 도움'이 적절한 타이밍에 일어났다는 것이다. 마치 기다리고 있었다는 듯이 등장인물들이 내 필요를 적절히 채워주어 돌이켜보면 빅픽쳐처럼 무언가 딱딱 들어맞았던 것 같다. 나의 짧은 뉴질랜드 삶은 이렇게 '운' 좋게 이루어졌다.

02

각각 살았던 동네마다 특이한 점이 있었다. 처음 살았던 동네는 뉴질랜드의 부호가 사는 집들이 모여 있던 곳이었다. 이층집이었고, 회계사이신 아저씨와 유치원을 만들고 싶어 하는 아주머니가 아이들 넷을 데리고 살면서, 무려 4명의 학생에게 홈스테이를 했다.

사실 처음부터 그 동네가 부촌인지는 몰랐다. 그리고 모든 뉴질랜드인이 그런 집에서 사는 줄 알았다. 태어나서 처음 살아본 외국과 외국인 집. 텔레비전 속 영화에서만 보던 노란머리 흰머리의 사람들이 내 주변에 즐비해지기 시작했다.

주인아저씨는 이름이 케빈이었는데 한국의 유교식 문화에 익숙한 내가 아저씨에게 이름을 부르는 데는 상당한 시간이 걸렸다. 왠지 케빈이라고 부를 때마다 뭔가 버릇없는 느낌이 들었다. 아주머니에게는 홈스테이 맘이라고 편히 부를 수 있었다. 지금 생각해보니 아주머니 이름이 생각나지 않는다.

사는 동안은 그 집이 얼마나 큰지 생각을 못 했다. 간혹 청소기를 일층과 이층까지 돌리는데 한 시간 정도가 소요되는 것을 목격했는데, 지금 우리 집 청소를 하다 보면, 그 집이 얼마나 큰 집이었는지, 내가 저택에서 살았구나 하는 생각이 절로 든다. 리빙룸과 키친룸, 다이닝룸이 각각 별도로 있었고, 내 방 크기가 보통 한국 아파트의 안방과 드레스룸을 합친 만한 크기였고, 마당을 볼 수 있는 창이 있는 2층 방에서는 창밖을 바라볼 때마다 빨강 머리 앤이 된 기분을 느껴볼 수 있는 곳이었다. 이층은 나무가 보이고, 조금은 외로운 느낌의 방이었는데, 밤마다 소공녀의 주인공처럼 누군가 와서 내 방을 아름답게 꾸며주는 상상을 했다.

가끔 동네 산책을 하면 옆집에서 소리치는 경우가 있다. 잔디밭이 여기저기 깔리고 나무들이 울창한 곳이 산책로라 여겨졌지만, 사실은 담벼락도 없고 울타리도 없이 잔디로 블럭을 정해놓은 각 집의 개인 사유 정원이었다. 가끔 산책 할 때마다 '여기 내 사유지니까 걸어다니지마!' 라고 소리치는 것에 당황해 다시 돌아오곤 했는데, 그 동네는 집들이 정말 크고 화려했었다.

지금 돌이켜보면 한 블럭에 집이 두세채 정도 밖에 없었고, 홈스테이 아주머니는 시간이 날 때마다 그 집을 지었던 과정을 사진으로 나에게 보여주었으며, 아이들 모두 집에서 낳았다는 것을 자랑스럽게 이야기를 하곤 하셨는데, 나는 그 집을 그렇게 제대로 인지하지 못했던 것 같다.

케빈 아저씨 가족과 함께 있는 것이 좋았지만, 영어가 과연 늘까? 하는 생각이 들면서 나는 초조해지기 시작했고, 반복적이고 일상적인 삶에서 또다시 탈출하고 싶었다.

두번째 살았던 곳은 오클랜드 대학 내 기숙사였다.

방학 동안 학생들이 돌아간 틈을 타 어학연수나 유학 온 학생들에게 저렴하게 방을 개방하는데, 정말 운이 좋게도 다섯 명이 쓰는 아파트먼트 유닛에 들어갈 수 있었다. 방은 다섯 개로 각각 개인방이 있으며, 리빙룸과 키친을 공유하는 예쁜 아파트였다.

3개월의 홈스테이 경험을 돌이켜보면 영어를 쓰는 가족과 함께 살면 영어가 늘 것 같지만, 실상은 아니다. 나에게 친절한 시간은 일주일이면 충분했다. 말도 잘 못하는 타인과 이야기를 지속해서 나누는 것은 쉬운 일은 아니었다.

호기심은 금방 사그라진다. 내가 빨리 영어가 늘지 않으면 가족 간의 대화에도 못 끼어들 뿐 아니라 내게 일어나는 일들에 관해서도 이야기를 나누기가 쉽지 않기 때문에 금방 한계를 느낀다.

내게 행운을 전달하는 사람인 '헬퍼'가 나타나는 것은 이 즈음이었다. 어느 날 한국에서 아는 지인이 본인 동생이 오클랜드에 있는데 한번 만나줄 수 있느냐고 메일로 연락이 왔다. 굳이 만날 이유는 없는 가까운 지인은 아니었지만, 그래도 외국에서 아는 사람을 한 명이라도 있는것이 좋겠다는 생각이 들어 이메일로 연락하고 만나러 갔었다.

그곳이 바로 오클랜드 대학 기숙사였다. 저렴하고 시설 좋은 이곳에 숙식하는 지인 동생이 부러워 나도 이곳에 머물고 싶다고 했더니 방이 생기자마자 연락을 받을 수 있도록 이야기를 해준 것이다.

기숙사가 그렇게 고급지다니... 지금 생각해도 너무나 부럽다. 무려 20년 전이 그랬는데, 지금은 어떻게 바뀌었을지 궁금하기도 하다. 뉴질랜드에서 가장 여유 있고 느긋하게 지낸 시간이 기숙사에서 지내던 때였던 것 같다.

기숙사 생활을 시작하자마자 달라진 것은 한국인 친구들이 급격히 늘어났다는 것이다. 기숙사 생활을 하며 일반 영어회화반에서 시험반으로 옮긴 학원에서 만난 친구들 중 나이대가 같거나 비슷한 친구들과는 동병상련과도 같은 급격한 감정 교환이 이루어져 타국에서의 외로움을 서로 나누기에 더없이 좋은 환경이 되어 주었다.

3개월간 못써본 한국말을 이곳에서 만난 한국 친구들과 미친 듯이 쓰기 시작했고, 중고매장에서 산 텔레비전으로 영국식 코메디 프로그램을 밤새 보며, 소시지와 야채볶음, 깡통으로 된 콩을 사서 직접 요리를 해 먹으며 내가 드디어 서양 사람들의 생활에 익숙해지게 된듯한 착각이 들며 영어가 금방이라도 유창하게 나올 것만 같았다.

해이해진 생활과 함께 오클랜드 대학 도서관에서의 생활, 대학생들을 관찰하고 넓디넓은 대학의 캠퍼스를 누비며 나는 다시 20대 초반으로 돌아간 듯한 착각이 들었다.

개학 때가 되자 새로운 보금자리를 찾아야 했고, 벌써 이 분의 일이 지나버린 나의 뉴질랜드 생활에서 정신을 차리고 영어에 매진하기 위해서, 그리고 뉴질랜드의 문화를 체험해보기 위해서 진정한 키위와 함께 공유하는 삶을 살아야겠다고 생각했다. 새로운 숙소를 위해 여기저기 소문을 냈는데 신기하게 또 도움을 주는 이가 나타났다. 그리고는 가장 핫한 도심지의 방을 아주 싸게 구할 수 있게 해주었다. 키위 아저씨가 태국 아줌마랑 둘이 사는 오클랜드의 그 집은 정말 '공수래공수거'를 체험할 수 있는 최고의 공간이었다.

뉴질랜드는 3대 키위가 있다. 먹는 과일 키위, 뉴질랜드 국조 키위와 뉴질랜드인을 일컫는 키위!

침대 하나, 조그만 서랍장 그리고 좁은 탁자 하나가 다인 작은 방, 그 방에서 나는 남은 뉴질랜드 생활에서의 만족과 행복감을 느낄 수 있었으니, 그 이후로 뭔가 물건을 사는 것에 대해 무척이나 소극적인 내 삶의 형태가 이 짧은 기간에 머물렀던 기억으로 인하여 만들어진 것 같다.

미니멀 라이프를 실천하는 삶을 터득한 것이다.

그 당시에는 아무리 돌아다녀도 다운타운이 작아서 할 일이 없었고, 가끔 외롭다고 느끼면 광장에 가서 공짜로 주는 신문도 받고, 비스킷도 사 먹고, 0.99달러짜리 맥도널드 햄버거도 먹으면서 시간을 보내기도 했다. 하지만, 대부분의 시간은 지금의 나처럼 바쁘게 보냈다. 지금 생각해보면 그 여유로운 땅에서도 나는 왜 그렇게 바쁘게 보냈는지 참 안타깝다. 이렇게 50년을 한결같이 바쁘게 보낼 텐데. 젊은 날 왜 그렇게 한 가지에 몰두했었나 싶기도 하다.

다운타운의 빅토리아 거리에서 살았던 경험은 내 인생 전반적으로 영향을 미치게 되었다. 정말 손톱만큼 작은 방에서 이민 가방과 최소한의 소유물과 텔레비전 한대로 살아보니 세상에 무엇을 가진다는 것이 그렇게 의미가 없어졌다.

지금도 우리 집에 오면 같은 평수에 비해 거실이 넓어 보인다고 하는데, 아무것도 없어서 그렇다. 흔한 액자도 없고 진열할 장식물도 별로 없고, 뭔가를 소유하는 걸 싫어해서 자꾸 버리고 처분하니 최소한의 살림만 가지게 된다. 가끔은 너무 무소유로 사나 싶기도 하고, 아이들에게도 그런 영향을 주는 것이 옳은가 싶기도 하지만, 살아가는 동안 삶에 단순하고 간결함을 가지고 가고 싶다.

그렇다 할지라도 늘 짐이 넘쳐나는 기분은 어쩔 수 없다.

29세에도 삶에 지대한 영향을 미치는 사건을 마주칠 수 있다는 것은 인생에서 놀라운 체험이다. 하긴 지금도 삶에 여전히 영향받는 사건들이 많으니 평생을 살면서 그렇게 영향받고 살겠구나 싶다.

처음 뉴질랜드 도착했을 때부터 막연하게나마 굳은 결심을 하고 영어를 부숴 버리고 한국을 가겠다고 마음 먹었었다. 하이와 스마일로 바디랭귀지만 되는 내가 과연 이 낯선 땅에 와서 샬라샬라~ 영어를 능숙하게 할 수 있을까? 하는 의구심은 있었지만, 왠지 할 수 있을 거 같은 막연한 자신감이 있었다. 그러나 숙소에서 영어를 처음 듣는 순간 나는 이미 좌절을 했다.

내가 익숙하게 듣던 그런 영어가 아니었다. 저것은 무슨 나라 말인가? 라고 싶을 정도로 전혀 영어스러운 악센트가 아니었다. 뉴질랜드는 섬나라였고, 영국 식민지였기 때문에 영국 영어에서도 또 변형이 일어났을 확률이 매우 높았을 거다.

솔직히 영어가 아니라 나는 새로운 유럽의 언어라고 생각할 정도였다. 도무지 하나도 알아들을 수가 없었다. 내가 익히 알고 있는 '오케이' 조차도 '오카이'로 발음을 해서 다른 말들을 알아듣는 데 너무나 애를 먹었다.

과연 내가 영어를 정복할 수 있을지, 그것이 가능할지 궁금했다. 처음 도착해서 머물렀던 백팩에서 사흘 동안 쓴 단어는 '하이'와 삼일째 가방 털어가신 도둑 신고하러 경찰서에 가서 못 알아들어 종이에 쓴 'write me' 두 단어였다.

뉴질랜드는 내가 생각한 것과는 달리 영어를 못 해도 얼마든지 생활이 가능했다. 마트에 가서도 신용카드 하나면 만사 오케이였고, 길거리를 지나다닌다고 해서 누가 나에게 말을 걸어주는 것도 아니었다. 문자 해독 능력만 있으면 어디든 갈 수 있으니 영어를 그렇게 쓸 일이 별로 없다는 것을 깨닫는 데는 하루도 걸리지 않았다.

뉴질랜드에서 처음 겪은 사건이 별로 좋지 못했다. 처음 머무른 숙소에서 처음 만난 외국인에게 하이! 하고 웃는 얼굴로 인사하며 씻고 왔더니 외국인 도둑님께서 메이컵 가방과 지갑, 카메라를 훔쳐 가버렸다. 알고 보니 여행객이 아니라 도둑들이 그렇게 백팩에 머물며 여행객을 대상으로 도둑질을 하는데 하필 낯선 땅에 와서 처음 겪은 일이 이런 일이라니… 마음은 더욱 움츠러들었다.

나는 이 낯선 땅에서 어떻게 살아야 하나. 가족이 몹시 그리워지기 시작했다. 지금이야 스마트폰과 카카오톡으로 어디서든 자유롭게 무료로 연결이 되지만, 그 당시에는 국제전화 카드 10불짜리 사면 5분을 통화할 수 있었다. 가족과의 통화는 최대한 아끼고 아껴서 해야 했다.

암. 담. 함.

정말 내가 말이라도 좀 할 수 있을까? 한국에 돌아갈 때쯤 나는 영어를 잘 쓸 수 있을까?

홈스테이에 입성해서 아줌마와 인사를 나눈 뒤 시종일관 묵묵부답과 스마일로 모든 것을 대하니 유아학을 전공한 아주머니가 영어를 직접 가르쳐준다며 유아용 그림책을 가져와 하나씩 읽어주신다. 나이 서른이 낼모레에, 한국에서 고등교육까지 받은 내가 그림책 단어를 모를 리가. 순식간에 단어를 읽어내려가니 신기해하시며 이번에는 유아들이 보는 동화책을 가져 오신다. 웃으며 다시 동화책을 읽으니 더 신기하고 놀라워하며 초등학생 동화책, 주니어 소설책을 가져오신다. 모든 문장을 술술 읽어대고 모르는 단어가 나와도 대충 읽어대니 엄청나게 놀라는 얼굴을 하며, '이렇게 잘 읽는데 어떻게 말을 못 하느냐?!'고 신기해하신다

갑자기 나도 신기했다.

영어를 술술 읽고 단어도 많이 아는데 어째서 진짜 말도 못하고 듣지도 못하지?? 나조차도 이상할 따름이었다. 이런 상황에 접하니 앞이 막막하고 어떻게 영어를 정복할 것인지 도무지 방향이 보이지 않았다. 처음 며칠간은 딱히 아이디어가 없었다.

말문이 열리려면 일단 귀가 열려야 할 것 같았다. 도무지 무슨 말을 하는지 못 알아듣는데 아는 단어라도 써가며 어떻게 답변을 하나라는 생각에 골몰하기 시작하자 아이디어

가 번뜩! 떠올랐다.

아침마다 홈스테이 아줌마의 행동 패턴 중 하나가 이층에 내려오자마자 라디오를 켜는 거였다. 노래도 없이 뭐라고 주저리 주저리 사람들이 말만 하고 중간에 광고만 나오는 토크쇼였다. 아줌마는 라디오 소리를 열심히 들으시며 웃기도 하고 중얼거리기도 하다 나를 쳐다보고 뭐라고 하며 동의를 구하지만, 나는 역시 꿀 먹은 벙어리로 웃기만 했었다.

웃음 포인트에 멍하니 있는 것만큼 민망한 일은 없다.

그래! 바로 저거다.

나도 라디오를 듣기로 했다!

04

 나는 당장 큰언니에게 전화를 걸어 손바닥 반만 한 라디오를 사서 뉴질랜드로 보내 달라고 했다.

 뉴질랜드 어디 가야 전자제품을 살 수 있는지도 모르고 한국에서 내가 즐겨 사용하던 것이 있어 한시가 급하게 보내 달라고 했다. 일주일 만에 도착한 라디오를 아줌마가 매일 듣던 채널에 고정해 놓고 귀에 이어폰을 꽂아 두었다. 24시간 중에 샤워할 때와 학원에서 수업 들을 때만 빼고는 그냥 귀에 꽂아 두었다.

라디오에서는 쉴 새 없이 소리가 나온다. 그렇지만 대부분은 의식하지 못한다. 무슨 소리가 나는지, 어떤 이야기를 하는지. 가끔 의식하게 되면 그야 말로 하나도 알아들을 수 없는 쌀라쌀라로 느껴질 뿐이다. 가끔은 남자분 혼자, 가끔은 전화를 건 게스트와 계속 대화를 나누는데 도무지 무슨 소리인지 하나도 알아 들을 수가 없다. 그럴 때는 잠시 멘붕에 빠지기도 한다.

뉴질랜드 영어는 섬나라 영국 영어로 생각하면 된다. 아무리 생각해도 내가 아는 영어가 아닐 때가 많다. 잠을 잘 때도 귀에 이어폰을 꽂아 놓고 잤다. 꿈에서라도 영어가 들리는 행운을 누리고 영어로 꿈을 꾸고 싶을 정도로 간절했었다.

영어에 정말 젬병이었던 나는 당시 유행하기 시작한 토익 문제의 1단계조차 힘겨워했다. 대학교에서 막 유행한 토익 시험을 치기 위해 스터디 그룹을 만들어 공부했는데, 영어만 틀어놓으면 나는 잠이 너무나 잘 왔었다. 나는 꽤 잠이 없는 축에 들었는데 희한한 반응이었다. 나는 생체리듬 자체가 영어를 할 수 없는 종류의 인간이라며 토익 공부 모임 때마다 잠이 들었고, 선배들은 학습이 끝나면 나를 깨웠다.

그럼에도 불구하고 나는 영어를 붙들고 있었다. 대학 생활 내내 일본어를 배우면서도, 전공 공부를 하면서도, 심지어 임용고시를 준비하면서도 나는 왠지 영어가 내 곁에 있어야 마음이 편했다.

졸업하고 학교에 출근하는 길에도 나는 EBS 방송을 듣고 다녔고, 대중교통을 이용하는 동안 방송이 시작하자마자 잠 들어 끝날 때 일어나곤 했다. 정말 영어만 들리면 머리의 모든 에너지가 다 소멸되고 잠이 오는 희한한 신체 구조를 가졌다고 생각되었다. 그러니 이어폰 꽂아놓고 영어가 들리니 그곳에서 얼마나 잠을 잘 잤을지는 충분히 상상 가능하다. 그럼에도 포기하지 않고 귀에 꽂아 두었다. 이곳에서는 선택의 여지도 없었고 더 간절했고 뭐라도 한마디라도 영어를 배워야 했다.

지치지 않은 어느 따스한 오후,

여느 때와 같이 학원이 끝나고 버스를 타고 이어폰을 꽂고 집으로 돌아가는 차에서 창밖을 바라보며 나는 '다이어트'를 생각하고 있었다. 뉴질랜드 음식이 너무나 잘 맞았던 나는 하루가 다르게 차곡차곡 살이 쪄가고 있었고, '어떻게 해야 살을 빼지?'라고 생각하고 있었다.

 라디오에서 어떤 여성분이 본인이 하루에 8리터의 물을 마시면서 다이어트를 해서 20킬로를 감량했다고 이야기해 주었고 방송 시간이 짧아 충분한 이야기를 못 나눈 듯, 방송이 끝나가자 DJ가 나도 살 빼야 한다며 전화 끊지 말라고 하면서 광고가 나오기 시작했다.

 '아! 나도 물을 마셔야겠다. 홈스테이 아줌마한테 같이 다이어트하자고 해야지?!' 하면서 집으로 돌아와 초인종을 누르던 순간! '아차' 싶었다! 내가 라디오를 듣고 있었던 것이다! 내 귀에 라디오에서 하는 이야기가 들린 것이다! 그것이 말로만 듣던 '귀가 트이는 경이로운 체험'이었다.

너무나 신기해서 잠시 문 앞에 서서 뉴질랜드의 푸른 하늘을 바라보았다.

와! 나도 영어가 들린다! 그러면서 다시 라디오 소리에 의도적으로 집중을 했더니! 어라? 진짜 들린다. 다 들리는 건 아니지만 대충 무슨 말을 하는지 알겠다. 태어나서 이런 신기한 경험은 처음이어서 어디로든 이 사실을 알리고 싶었다. 언니에게 당장 메일을 써서 토익 문제집 몇 권을 사서 보내달라고 했다. 가슴이 두근두근... 들린다는 게 어떤 건지 시험을 해보고 싶었다.

얼마 후 드디어 토익책이 도착했고 나는 바로 테이프를 넣어서 테스트를 시작했다. 얼마나 떨렸는지 지금도 그 기억이 생생하다. 두근두근. 정말 나는 얼마나 알아들을 수 있을까? 잠을 자지는 않을까?

토익 1단계는 그림을 보고 맞거나 틀리는 것을 찾는 것이다. 짤막한 예시들을 읽어주는데 너무나 신기한 경험을 했다. 생생하게, 명확하게! 무엇을 묻는지, 무슨 문장들인지가 들리는 것이다! 세상에나! 나는 신세계를 경험했다. 내게 영어가 들리고 더는 잠이 오지 않는 것이다!

이 경험은 말로 표현할 수 없는 경이로운 것이었다. 스물 아홉 나이에 나는 영어가 들리기 시작한 것이다. 너무나 명확하게! 나는 이제 자신감이 생겼다. 나는 들린다. 고로 나는 이제 말을 할 수가 있다!!

그때부터 두 달 반 동안 나는 열심히 영어 단어를 외우고, 신문을 읽고, 온갖 보이는 문자를 읽기 시작했다. 나는 학원 생활에 더 열심히 했고, 한마디라도 더 연습해보려고 노력했다. 귀가 뚫리는 것만큼 입이 쉽게 열린 것은 아니었다. 그렇지만, 나는 이제 할 수 있다는 확신이 생겼다.

그러자.

반복되는 일상과 똑같은 홈스테이. 이웃도 만나기 힘든 삶과 주택가로 이루어진 곳이라 가까운 곳에 문화 시설이 없는 이 집에서 계속 있는 것이 불편해졌다.

나는 이제 움직여야 할 때가 된 것이다.

어디로 가야 할까를 고민할 때 또 다른 '우연'이 일어났다.

한국에서 아주 친하지는 않았던 지인이 메일로 동생이 뉴질랜드에 갔는데 한번 만나주면 안 되겠냐는 것이었다. 간 지 얼마 안 되었으니 도움 줄 수 있으면 좋겠다고. 사실 만나지 않아도 그만인 사이였지만, 나는 왠지 책임감에 이메일로 그 동생과 연결이 되어 만나러 갔다.

지인 동생이 있는 곳은 뉴질랜드의 오클랜드 학생들을 위한 기숙사였다. 나는 당장 그 기숙사에 반했고, 지인 동생에게 되려 도움을 받았다. 기숙사의 방이 나자마자 나는 홈스테이 아주머니에게 떠남을 통보하고 다시 한 번 새로운 인생을 시작하러 도심지로 나왔다.

홈스테이는 가족과 같이 지낸 곳이라, 사실 진정한 독립이라고 하기 힘들었다. 아줌마 아저씨와 함께 식사했고 가끔 가족들과 함께 장도 보러 가고 시간을 보냈었다.

이제 진정한 홀로서기가 시작된 것이다.

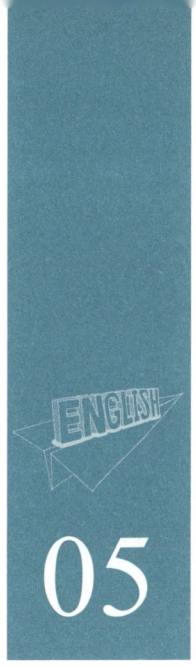

한국에서 살면서도 경험해보지 못했던 대학 기숙사 생활. 8층에 있는 내 방은 다섯 개의 방과 공용부엌과 거실이 있는 아파트먼트 유닛이었다. 대략 두 달간의 이곳 생활은 정말 홀로 독립해서 살아본 내 인생 중 가장 여유로웠던 때였다. 말의 외로움과 사람 고픔으로 지낸 지난 석달간을 보상해주는 시간이 돌아온 것이다! 사람이 자신의 목표를 지속해서 유지하고 밀고 나가기가 얼마나 어려운지를 실감한 시간이도 했다.

홀로 있으니 자연적으로 한국 친구들이 꼬이기 시작했고,

그동안 못했던 한국말이 홍수처럼 쏟아져 나온 데다, 해외에서 만난 한국 친구들은 묘한 동질감이 느껴져 더 신속하게 가까워지고 친해지기 시작했다. 무엇보다도 방탕해졌다. 인생사에는 역시 방탕기가 있어야 한다. 혼자 마트에서 장 보고 뉴질랜드식으로 밥을 해먹고 중고 거래로 산 텔레비전을 시청하면서 가끔 도서관에 가는 재미도 정말 쏠쏠했다.

새로 만난 친구들과 함께 멀리 이국 타향에서 느끼는 외로움과 한국에서의 과거 생활을 공유하며 종일 까르르, 까르르. 그렇게 지내다 보니 시간이 훌쩍 흘렀다.

'아......나 뭐 하는 거지?'

'귀가 트이는 신세계는 어디로 가고...'

난 여기서 무엇을 하고 있는 거지? 갑자기 후회와 두려움이 몰려오면서 정신이 들기 시작했다. 일단, 빨리 모든 관계를 청산하고 다시금 영어 모드로 들어가야 했다. 영어 천지인 뉴질랜드를 활용한 영어 정복을 다시 시작해야 했다. 이렇게 하릴없이 시간을 보낼 수는 없었다. 어디서부터 다시 시작해야 할지 고민하기 시작했다. 나는 지난 시간 동안 내가 왜 뉴질랜드에 왔는지를 망각했던 것이다.

일단, 아르바이트를 하기로 했다.

영어를 못 하는 사람은 결국 한국 식당에서나 아르바이트를 하는데 나는 현지인이 많이 다니는 곳에서 일해보고 싶었다. 영화 속에서나 보던, 외국인과 이런저런 잡담을 주고받다가 사랑에 빠지는? 그런 헛헛한 상상도 해보았다.

꿈은 꿀 수 있으니 여기저기 계속 이야기를 하고 다녔다.

그. 러. 자.

또 기적 같은 일이 생겼다.

호주 프랜차이즈 카페에서 머핀 만들 아르바이트를 구한다고 전달한 '헬퍼'가 등장했다. 짧은 인사만 주고 받은 '아는 한국인 오빠'가 그 역할을 수행하였고 나에게 드디어 영어를 써볼 기회가 온 것이다.

새벽 시간 아르바이트하며 현지인을 만날 기회를 호시탐

탐 노렸다. 이제 본격적으로 영어 정복의 길을 나서기 시작한 것이다.

1단계. 현지인을 최대한 활용하는 영어 학습방법은 무엇일까?

현지인을 많이 접할 방법은? 나와 친절히 이야기를 오래 나눌 수 있는 사람들이 모인 곳은 어딜까? 정답은?

교! 회!

전 세계 공통적으로 친절하고 사람에 대해 애정을 주는 곳은 교회다. 몇몇 교회를 찾아갔더니 너무나 친절하게 한인교회를 소개해준다. 그도 그럴 것이 나는 아직도 영어가 능숙하지 않았던 것이다. 나의 영어로 현지인 교회를 다니는 것은 쉬운 것이 아니었다. 예배를 영어로 드려야 하는 것은 물론이거니와 커뮤니티 활동도 해야 한다.

오클랜드에서 가장 큰 교회를 찾아갔다. 물론 현지인이 다니는 곳. 교회 프로그램을 살폈더니 주일예배와 주일예배 후에 모이는 외국인 학생을 위한 모임이 있었다. 영어를 통하여 선교하기 위한 모임이었다. 바로 나를 위하여 준비된 곳이었던 것 같다.

Right Now!

바로 지금이다!

즉시 안내를 받고 돌아오는 주일날부터 참석하기로 했다.

06

하나하나 차곡차곡 방법을 모색하는 영어 공부. 실제로 현지에서 영어를 익히는 것은 돈이 들지 않는다. 사실 그러려고 더 많은 돈을 투자해서 비행기 타고 외국에 정착한 것이다. 교회에 가서 사람들과 어울리려면 말을 좀 할 줄 알아야겠다는 생각이 더 간절해졌다. 꿀 먹은 벙어리로는 어느 모임에 가도 영어가 늘지 않는 게 분명할 테니 말이다.

뉴질랜드의 좋은 점 하나는,

첫째, 전화비가 정액제이다. 30불을 내면 시내 전화는 무제한으로 사용할 수가 있었다. 내가 전화비 내는 거 아니니 일단 이것을 활용해야 겠다고 생각했다.

둘째, 사람들이 너무나 친절하다. 길 가다 쓰레기 치우는 아저씨도 인사를 하면서 말을 걸 수가 있고, 나보다 영어를 잘하신다. 길 가던 사람들에게 길을 물어도 웃으며 안내를 해준다.

이 두가지를 활용하기 위해서 일단 매일 아침 숙소를 나와 길거리를 서성였다. 다운타운을 타겟으로 해서 길 가는 사람을 붙들고 하이!를 외쳤다. 그럼 열이면 열 모든 사람이 같이 하이를 하고 웃어준다. 가까이 다가간다! 그리고 말을 한다. (철.면.피.가 되어야 한다)

Hi! I am from Korea. I am here to learn English but there is no chance to practice speaking. Do you have a favor for me? Few minutes will be alright.'

물론 저 문장조차도 띄엄띄엄 외쳤지만, 삼 분의 일쯤은 몇 마디 건네주고, 또 몇몇 사람들은 자기 가는 길을 가야 한다고 하고, 어떤 사람들은 자기 목적지가 저긴데 그때까지 이야기할 수 있다고 한다.

그럼 주저리주저리 뭐라 이야기하거나 질문을 한다. 질문하면 대부분 답을 참 친절하게 잘해준다. 귀가 트이고 말이 트일 수 있는 방법! 그렇게 매일 길 가던 사람을 붙잡고 몇 분간 이야기하다가 꿀팁을 또 발견하였다.

하하하.

버스 정류장에서 버스를 기다리는 사람들을 발견한 것이다. 정류장 의자에 앉아서 편하게 '하이'를 외치면 버스가 올 때까지는 최소한의 시간을 확보하고 이야기를 나눌 수가 있었다.

그러다가 노인분들을 만나는 날은 완전 장날 같은 기분이 된다. 어느 날은 할머니를 만나 같이 버스를 타고 목적지까지 한 시간 가까이 함께 간 적도 있다. 전 세계 할머니 할아버지들은 외롭다. 누군가 말을 걸어주면 행복해하고 본인 가족사를 이야기할 때면 누구 하나 빼놓을 사람 없이 다들 신나서 가족 이야기를 한다.

영어 초보자들은 질문을 많이 준비해야 한다. 가족사와 개인사, 소지품 등으로 나누어서 계속 질문을 하면 이야기를 끌어가는 데 어려움이 없다. 그러나 갑자기 질문을 들이대면 안되고, 반드시 내 이야기를 간단하게라도 먼저 해야 한다. 이렇게 버스 정류장에서 다수의 사람들을 상대로 연습이 끝나고 숙소로 돌아오면 뿌듯하기도 하지만, 비슷한 대화를 매일 해서 한계를 느끼게 된다.

그럴 때는 전화를 활용한 영어를 연습한다!

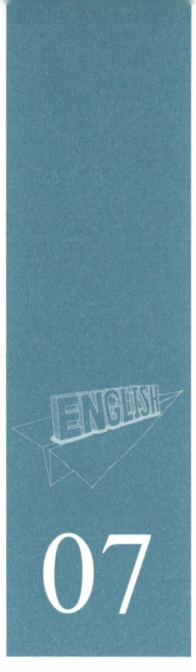

07

 전화 영어는 영어에서 가장 넘기 힘든 산이다. 얼굴 보며 손짓발짓 하며 스마일을 기본으로 하고 들어가야 영어로 '소통'을 좀 시작했다고 하는데, 전화 영어라니! 오직 목소리에 집중해야 하고, 알아듣지 못하면 한마디도 못 한다. 라디오나 별반 다를 바 없지만 대꾸를 해야 한다. 초집중해서 듣기를 하며 한손엔 전화기를 들고 다른 한손은 손을 이리저리 움직이며 바디 랭귀지를 한다. 물론 상대방은 모른다. 그런 전화 영어에 도전하기 위해서는 심호흡을 하고 일단 주제를 정해야 한다!

그리고는 전화기를 드는 것이다.

첫날 주제는 '은행 계좌 열기'였다. 당시에는 지금은 역사의 유물로 사라진 노란 전화번호부가 있었다. 전 국민 1인 1전화 시대에 도래한 요즘과 달리 한집에 한 대의 전화만 있던 시절에 전화번호부를 열어놓고 몇개의 동네에 있는 은행 지점들의 전화번호를 나열해 놓고 전화를 걸기 시작했다.

첫 번째 전화 걸기는 보통 헛소리하다 내가 끊어버린다. 상대방이 수화기를 들면서 하이 하면 중얼중얼하다가 저쪽 수화기 너머에서 계속 'hello?'를 연발하거나 'what?'이라도 한번 나오면 당황해서 바로 끊어버린다.

다시 두 번째 지점에 전화를 건다! 처음보다 몇 마디 더 한다! *Hi! I am from Korea! I would like to open an account! I have a student visa!....* 까지하고 상대방이 '쏼라쏼라'하면 헐.. 또 끊는다. 어떤 은행은 잠깐 기다리라고 *'Hold on!'* 하면서 한국인도 바꿔주고 어떤 은행은 친절하게 현지 한국은행 전화번호도 알려준다.

그러나 포기하지 않는다. 7전 8기의 마음으로 도전한다.

일곱 번쯤 걸면 내가 원하는 말을 다 할 수 있게 된다. 그러면 신기하게 상대방 말도 귀에 들어온다. 상대방은 친절히 은행계좌를 열 때 필요한 서류들을 설명한다. 그럼 준비 서류 목록 받고 언제쯤 가겠다고 하고 전화 끊으면 오늘의 '전화 영어' 수업이 끝난다. 물론 나는 가지 않는다.

당시에는 전화 끊을 때 마다 어설픈 한국인을 욕했겠지만 지금 돌이켜 생각해보니 모두가 영어 선생님이셨다. 어설픈 영어 하는 외국인을 인내심을 가지고 응대해준 그 모든 분들께 이 책을 빌어 감사 인사를 전한다

그렇게 매일 주제를 정해서 전화 영어를 한다. 베트민턴 수업 듣고 싶어요. 수족관에서 물고기 사서 키우고 싶어요. 봉사활동 하고 싶어요. 운동해서 살 빼고 싶어요. 길거리 돌고 전화 영어하고, 소시지를 버터 넣고 오븐에 구운 다음 냉동야채를 프라이팬에 버터를 넣고 볶은 식사를 마치면 나의 뉴질랜드 삶은 만족 그 자체였다. 왠지 뿌듯했다.

오후에는 오클랜드 대학 도서관에 가서 나보다 한참 어린 학생들에게 영어를 묻고, 나를 뻔히 쳐다보는 외국인에게 눈이 마주치면 잉크도 해봤다. 어느 날은 한 학생과 단어 이

야기하다 영화를 보러 가기도 하였다. 데이트도 즐겼다. 영어 실력이 일취월장했을까?

08

길거리 스피치와 전화 영어는 동기부여에 확실한 효과가 있었다. 말을 더 잘하고 싶은 욕구가 생겨났던거다.

그. 러. 나.

이것도 한계가 있다. 더 많은 기회를 접해야 하고 짧은 시간 안에 빨리 결과를 만들어야 한다.

다시 고민이 시작되었다.

쉽게, 다양하게, 뉴질랜드 문화를 접하면서 영어를 더 많이 활용할 수 있는 방법을 고민하면서 나는 교회 생활을 좀 더 열심히 하기로 했다.

뉴질랜드 교회의 사람들은 한국 사람들보다 더 친절했다. 봉사가 어렸을 때부터 자연스러운 이 사람들은 외국에서 온 어학 연수생, 유학생을 도우면서 선교를 하는 곳이 많았다.

외국 학생을 위한 '성경 공부'에 참여했다. 세상 모든 일은 거저 한 경험이 없다. 한국에서 10여 년 교회 생활과 성경공부로 성경 지식을 가지고 임하니 '할렐루야' 교회 사람들이 얼마나 좋아했는지 여기저기서 환영이 이루 말할 수 없었다.

관심을 받기 위해서는 아니었다. 나는 젊은 날 내가 다녔던 교회에서 가졌던 그 궁금증을 여기서 다시 한번 답을 얻고 싶기도 했다. 끊임없이 '하나님'과 '예수님' 그리고 '성경'에 대한 질문을 했더니 급기야 나를 1:1 성경 공부 레슨까지 연결해주었다.

신실한 믿음을 가진 오클랜드 대학생과의 일대일 영어성

경 공부는 그야말로 영어 학습에 최적화된 방법이었다. 일주일에 두 번씩 만나서 성경책을 함께 읽고 각 구절을 설명해주고 내가 궁금한 것들을 물어보면 답해주는 방식이었는데, 소리 내서 영어를 읽는 것은 가장 적절한 영어 학습 방식인 것은 말할 것도 없거니와, 질문이 완벽하지 못할 경우에는 알아서 질문을 유도해주니 영어학습에 성경 지식까지 늘어 자연스럽게 영어가 늘어갔다.

나는 순수하지 못했다. 하지만, 나는 이미 한국에서 10여 년간 신앙생활을 했던지라, 어쩌면 이것이 하나님이 나를 이끄는 방법이라고도 생각했다.

어떤 일이 주어지는 것은 다 하늘의 뜻이 있어서 그런 거라 생각했다. 그건 내가 살아온 방식인 것이다.

처음에 성경 공부를 시작할 때 내 옆에 앉아있던 한 남자가 있었다. 나랑 비슷하게 유럽에서 영어 공부를 하러 온 모양이라고 생각했다. 이런저런 대화를 짤막한 영어로 이어가다 어디서 왔냐고 물었더니 이 교회 선교 목사님이셨다.

호기심 많은 나를 알아봐주고 다양한 영어학습 기회와 함께 종교 학습을 할 수 있게 해준 선교목사님 '마이클'은 내 뉴질랜드에서의 마지막 삼일을 본인 집에서 머물 수 있도록 해주었다.

 마지막 삼일은 나의 뉴질랜드 삶을 정리하며 돌이켜보고, 다양한 이야기를 나눌 수 있는 시간이었다.

 뉴질랜드 현지인이 어떻게 사는지, 사람들이 모여서 어떤 이야기를 나누고 어떤 시간을 보내는지를 보여주기 위해서 나를 늘 모임에 초대해 주었으며 나는 열심히 초대에 응하였다. 나는 너무나 신기하게도 그들의 문화를 그대로 흡수했었다.

 단순히 영어 공부를 하러 온 학생이 아니라, 나는 이미 현지인이나 다름 없었다. 나는 그들과 섞여 어울렸으며 정말 현지인이 무엇을 먹고 어떻게 사는지를 생생하게 체험했다.

 그뿐만 아니라 외국인 학생 그룹을 이끄는 두 분의 리더, James와 Christina는 영어 선생님이셨다. 두분 집에 자주 놀러 가서 와인 한 박스 오픈해 놓고 (3리터 박스와인) 시간 가는 줄 모르고 이야기꽃을 피운 적도 많았다.

학원에 다니지 않았지만 내게는 도처에 생생한 영어 선생님들이 즐비했다.

나의 영어 정복이 이제 일상이 되어 가는 순간이었으며 진정한 외국에서 '살아보기'가 체화되어 가고 있었다.

여전히 학원에 다니는 많은 한국 어학 연수생들을 만났지만, 나처럼 현지인 삶을 진심으로 체험한 사람은 많지 않았다.

뉴질랜드 사람들이 저녁 먹으러 모여서 뭘 하는지, tea party 때 무엇을 하는지, 젊은 친구들이 성경 공부를 어떻게 하는지, 어떤 삶의 비전을 가지고 살아가는지 마치 나는 내가 원래 뉴질랜드에 살았던 사람처럼 단시간에 동화되었다.

가장 인상 깊었던 것은 뉴질랜드 현지인들의 저녁 시간 모임에 참석한 것이었는데 작은 방에 옹기종기 모여 저녁 먹고 늦은 밤까지 '스피드게임'을 하며 배꼽을 잡으며 놀았다. 영어가 짧은 나도 발군의 실력으로 게임 승리에 기여했다는 것! 구멍 난 양말을 신고 와서 아무렇지 않게 놀다가는 소탈함과 남일에 신경 쓰지 않는 문화가 너무나 부러웠다.

나는 아르바이트를 하며 교회에 나가고 성경 공부를 하고 오클랜드 도서관에서 단어를 외우며 나의 짧은 영어 실력을 향상시키고 있었다. 물론 교회에서 했던 다양한 활동들은 뉴질랜드에 사는 동안 나의 영어 실력 향상에 가장 큰 영향력을 발휘할 수 있었지만, 또 하나의 영어 실습처는 아르바이트하는 곳이었다.

마켓 스트리트에 위치한 쇼핑몰 안에 있는 호주 프랜차이즈 커피숍에서의 아르바이트 경험은 어쩌면 내 인생 전체에 영향을 미치고 있는지도 모르겠다. 나는 가게 운영하는 방법을 배우면서 프렌차이즈가 돌아가는 방식을 학습했다. 내가 좀 더 현명했다면 나는 어쩌면 이런 사업을 해야 했는지도 모르겠다. 그렇지만, 커피는 나의 삶에서 너무나 먼 문화였고, 나는 뭔가 국제적인 일을 해야 한다는 생각에 커피숍이나 프랜차이즈 먹거리를 내 이력에 넣을 생각을 한 번도 하지 못했다.

당시에 익숙하지 않은 라떼니, 모카니 하는 커피 내리는 방법을 바리스타처럼 배우고 샌드위치, 머핀, 파니니와 다양한 음료 제조방법을 학습했는데, 한국에 돌아왔을때 아직 우리 문화는 스타벅스도 자리를 제대로 잡지 않은 때였으니 내가 관심 갔을 리가 만무하다.

그러나 아르바이트를 하며 나는 태국인과 함께 영어를 쉬는 시간마다 연습했고, 손님들을 받으면서 한마디라도 더 해보려고 했다. 차를 마시러 규칙적으로 오는 손님과 대화했고, 아르바이트하는 뉴질랜드 학생과도 대화하였다.

내가 있는 곳, 내가 하는 것 모든 것이 나의 영어를 향상시키기 위한 방법과 도구가 되어 주었다.

마지막에 활용한 현지 체험과 함께하는 영어 배우기의 방법은 '커뮤니티' 활용이었다.

한국에서도 나는 문화센터를 이상하게 좋아했는데, 가격은 저렴하면서 다양한 것들을 배울 수 있어서였다. 물론 동네 문화센터라면 당연히 동네 사람을 친구로 만들 수 있으니까 이것 또한 현지에서만 경험할 수 있는 방법이라고 생각했다.

커뮤니티 센터 탐방을 하러 갔는데 정말 다양한 프로그램들이 있었다.!

일단 뉴질랜드에 정착한 이민자들을 위한 영어 클래스가 있었다. 초급, 중급 그리고 고급과정까지 다양했다.

테스트를 받고 나왔더니 언어는 고급반인데 필기 테스트 결과는 중급이라며 어딜 들어가고 싶냐고 해서 당연히 고급반이라고 대답했다.

뭐든 배우는 것은 나보다 나은 사람들과 함께하며 배워야지 비슷하면 중간수준에서 머무른다는 신념이 있었다.

일단 고급반 등록을 하고 중도 포기해도 수업료 반환을 요청하지 않겠다는 약속을 하고 수업에 참여하기로 했다!

그러나 이것은 내가 목적한 바가 아니니 현지인과 잘 어울리면서 뭔가 결과물이 나오는 걸 원했다!

커뮤니티에서는 다양한 프로그램을 제공하는데 눈길을 끄는 과정이 하나 있었다. 요트 천국인 뉴질랜드라서 그런지 요트 운항 자격증반이 있었다!

내가 앞으로 살아가면서 요트를 탈 일이 있을지 모르겠으나, 어찌 되었든 남들이 하지 않는 것을 하자고 생각하고 바로 등록을 강행했다.

지금 돌이켜 생각해보면 어떻게 그런 수업을 들을 생각을 했는지 신기하다.

그로부터 시작된 8주간의 긴 수업은 눈에서는 물음표 발산! 머리에서는 미지의 용어들과 단어들이 휘몰아치며 수업마다 진정한 '챌린지'를 경험하는 시간이었다!

마지막 수업은 실기 수업으로 요트를 직접 운행해보아야 자격증이 나오는 과정이었다!

수업 중 계속 거슬려 하는 표정이 역력한 선생님의 모습에 살짝 주눅이 들기도 했지만, 두 번째 수업부터 그냥 저는 신경 쓰지 마시고 하시라고 말씀드렸다. 제가 듣다가 모르는 게 있으면 질문을 할 거라고 하고 열심히 들었다. 그래도 수업 중 꼭 한번은 'understand?'라고 확인을 하셨고 같이 수업 듣는 주민들은 이민자도 아니고 영어를 잘하는 사람도 아닌 이 '이방인'를 신기해하며 함께 기꺼이 공부하며 간혹 아줌마들끼리 모이는 'tea time'에도 끼워주고 초대도 해주었다.

언어능력보다 더 뛰어난 '눈치' 실력으로 모든 수업을 빠짐없이 듣고 드디어 오클랜드에서 바다를 향해 나갔다. 내 생애 유일하게 해본 경험이 되었다. 지금까지 살면서 요트를 탈 일도 별로 없었지만, 운항해볼 일은 더욱더 없었다.

배를 운전해 본다는 것!

이제 저 먼 기억 속에 아스라이 남겨있는 한 장의 추억 한 페이지에 불과하지만 단순하게 어느 하나의 과정을 이수한 것만이 아닌 자격증을 딸 생각을 했다는 건 지금 생각해도 너무나 잘한 일 중의 하나였다. 나는 언젠가 요트를 타고 나가보리라고 다짐했다.

이렇게 허투루 보내지 않은 시간 덕분에 단시간에 빠르게 언어가 늘었고, 덕분에 떠날 시간 준비를 할 수 있었다.

교회에서 느낀 것은 사람이 서로 '사랑'하고 '사랑' 받음을 체험할 수 있는 곳이라는 것이다. 이것은 참으로 감사한 일이었다.

이렇게 단시간에 나의 영어는 일취월장 하고 있었다. 나는 어디를 가나 이제 자신이 있었다. 모르면 물어보면 되고, 못 알아들으면 다시 확인하면 되었다. 완벽하지는 않지만, 나는 어디서든, 누구와도 같이 이야기할 수 있었고 주저함이 없었다.

10

짧은 시간 동안 참 많은 일을 한 것 같다.

다시 돌아가면 다시는 그 많은 일을 못할 거 같다.

영어로 인해 인생이 바뀌었을까?

대답은 YES다! 사실 성장하며 겪은 어떤 일들도 내게는 그렇게 '큰일'인 경우가 없었다. 물론 다른 사람이 겪었으면 '엄청난 일'이라고 할만한 일들이다. 뜻하지 않게 떠나 홀로 일 년 가까이 살아본 뉴질랜드의 생활과 언어 배움이 내 인생 전반에 어떤 영향을 주었냐고 묻는다면, 나의 인생에서 전환점이 된 커다란 사건이었다고 말할 수 있다.

 이후 내 삶은 뜻밖의 화장품 회사에 입사하게 되고 화장품 교육을 하고 '마사지' 기술을 배우고, 결혼으로 퇴사함과 동시에 임신 6개월에 무역 회사에 초보 직원으로 입사하고, 3개월도 안 되어 최초로 재택근무를 하고 그 회사에서 9년을 채우고 나와 현재의 내 길까지 걸어오게 되었다.

 물론 그 많은 세월 속에 등장한 '뜻밖의 헬퍼'들은 이루 말할 수가 없다. 계속해서 내 삶에 직간접으로 영향을 미친 모든 이들이 '영어' 하나로 귀속된다고 해도 과언이 아니었다.

 어떤 분이 그러셨다. 두 가지 이상의 언어를 할 줄 아는 사람은 분명히 다르다고, 하나의 언어로 사고하는 사람들과는 다르다고 하셨다. 언어를 잘하려면 양쪽 문화를 충분히 이해하고 알아야 한다. 그런면에서 내게는 하늘이 많은 기회를 주신 것이 분명하다. 지금까지 중간에서 양쪽의 문화를 흡수하며 절묘하게 일해 왔으니 말이다.

 이제 이십 년 전을 거슬러 올라가 나의 역사 밑바닥을 돌이켜보며 다시 시작될 반세기 인생을 준비해야겠다. 숫자 9를 뒷자리로 하는 나이가 다시 돌아왔다. 어떤 인생 반전이 기다리고 있을지 두근거린다. 내 역사를 뒤돌아보았을 때 쉽지 않은 길일 것이다!

3장
뉴질랜드를 다녀와서

01

영어는 삶에 있어서 하나의 도구다. 잘 준비된 도구는 삶의 방향을 바꾸고 삶을 풍요롭고 평화롭게 해준다. 도구가 부실하면 삶에 큰 변화 없이 그런대로 흘러가게 되거나 혹은 간혹 더 아래로 추락하기도 한다. 기회가 와도 붙잡을 수가 없다. 때론 도구가 없어서 한 발 더 나갈 수가 없게 된다.

어려서부터 나의 가장 큰 관심사는 '왜 태어나서 사는가?'였다. 인생에서 피해갈 길 없는 단 하나의 길, '죽음'이라는 단어를 참 열심히도 생각했다. '결국 죽을 텐데 왜 저리 아둥 바둥 하며 살아야 하나'를 참 오랫동안 생각해 왔다. 주로 시장을 돌며 그런 생각을 많이 한 것 같다. 왜 그런 생각을 많이 했는지 잘 모르겠다. 그런데 둘째 아이를 보며 그것도 '유전'이라는 생각이 들었다. 이상하게 둘째 아이는 어려서부터 '죽음'이라는 단어를 많이 이야기했다.

사람들이 사는 모습을 보며 사람답게 사는 것과 그렇지 못한 것을 비교해보고 나 나름대로 분석도 해 본 것 같다. 모두 그렇지는 않을 수 있겠으나 대체로 여유로운 집들이 쓰는 단어와 넉넉지 못한 가정에서 사용되는 단어가 다름을 그때 알았다. 배움의 정도에 따라 표현하는 언어의 종류와 폭도 다르다는 것을 일찍 알았다. 그래서 사춘기 때 엄청난 독서를 했다. 닥치는 대로 읽고 그러면서 나도 지적인 인간이 되고 싶다고 생각한 것 같다.

초등학교 5학년 때 혼자 버스를 타고 시립 도서관에 가서 책을 읽었다. 주말마다 혼자서 도서관에 가서 책을 읽고 있노라면 무언가 모를 뿌듯함이 몰려왔다. 누가 보면 커서 작가라도 되려나 했을 거다. 그 이전에도 나는 글을 참 열심히 썼었다. 3학년 때부터 엄청난 양의 일기를 쓰고 혼자서 문집도 만들곤 했다. 매년 열쇠가 달린 일기장을 사서 내 인생에서 느끼는 일들을 일기로 기록했다. 왜 그렇게 나는 홀로 생각을 많이 했는지 모르겠다.

일찍 철이 들어서 그런지도 모르겠다. 막내로 태어나서 막내답지 않게 성장했다. 온 세상의 고민과 고통을 혼자 짊어지고 있었다.

그런 내 삶을 관통한 '노력'이라는 단어는 아직도 내게 껌처럼 붙어서 쉬지 않고 무언가를 하게 만든다. 목적이 있을 때도 그렇고, 목적이 없을 때도 그렇고 나는 늘 인간은 '노력'을 해야 한다고 생각했던 것 같다. 내 삶 자체도 그렇지만, 사회생활도, 인간관계도 모두 노력이 기본이 되어야 한다고 생각을 했던 것 같다.

삶에 대해 죽음에 대해서 어렸을 때부터 고민했지만 결국 답을 알아냈느냐 하면 딱히 그렇지는 않다. 답을 몰라서 그냥 할 수 없이 '더 열심히 살자'가 되었다. 열심히 산다는 것은 내가 할 수 있는 한 많은 경험을 하고 더 많이 생각하고 고민하는 것이었다. 어느새 이것은 인생 모토가 되어서 그런지 참 다양한 경험을 하고 나는 오늘 여기까지 왔다.

모든 일기장 귀퉁이에 쓰여 있던 말 '열심히 살자', '내일도 화이팅'은 지금 생각해도 참 모순이다. 일기장을 채우는 내내 살아가는 것에 대한 고민이나 죽음 같은 것들을 떠들다가도 맨 마지막 한 줄은 반드시 이렇게 마무리했으니 어쩌면 내 마음 밑바닥을 채우고 있는 에너지는 바로 저것이 아니었을까?

그 에너지는 뉴질랜드에서 영어를 배울 때도 내 삶의 원동력이 되어 주었지만, 돌아와 다시 내 새로운 인생이 펼쳐지는 동안에도 멈추지 않았다.

뉴질랜드에서 짧은 시간 배운 영어로 내가 원어민처럼 영어를 잘하게 되었을까?

한국에 돌아 오자마자 공인영어시험을 치고 잠시 우쭐했었다. 공부 하나도 안 하고 그냥 본 시험 치고는 꽤 괜찮은 성적이 나온 것이다. 영어가 이렇게 쉬운 것이었는데 왜 그렇게 영어만 나오면 나는 잠을 잤을까라는 생각이 들며 과거는 또 미화되기 시작했다.

그런데 한국에 돌아오니 요즘 언어로 '현타'가 왔다. 나는 학부 졸업생에 경력이라고는 짧은 고등학교 교단에서의 가르쳤던 경험과 아르바이트로 했던 학원 강사 그리고 보험 회사에서의 근무가 전부였는데, 뉴질랜드에서 일 년 경험이 있던 경력도 없애버려 이제 무경력의 30대가 된 너무나 '평범' 그 자체인 백수가 되어 버렸다. 뉴질랜드 가기 전 뭔가 이루고 올 것 같은 그 희망도 다 사라진 지 오래고 현실을 보자 우울함이 몰려왔다.

어디로 가야 할지 도무지 길을 찾을 수가 없었다.

어설프게 자신만만하던 나의 영어 실력은 수많은 해외 어학 연수파들과 유학파에 비하면 걸음마 수준이고 이후로 영어를 잘하는 젊은 친구들이 주변에 널려있다는 것을 인식하는 순간 거의 '좌절' 수준이 되었다. 어디가서 영어를 했다는 이야기도 못 할 뿐더러, 외국인만 보면 영어 해보라는 가족들의 성화가 스트레스로 다가왔다. 내 인생에서 일 년이 빈 공간처럼 느껴지는 시간이 시작되었다.

그리고는 영어를 쓰지 않게 되었다.

내 삶을 지배하던 '경험', '노력'이라는 단어가 무색하리만큼 우울과 좌절의 시간들로 채워지기 시작했다. 인생에 있어서 처음으로 어두운 시간을 감내해야 했다. 아무 말도 들리지 않고 아무 글도 눈에 들어오지 않았다. 패배주의만 짙은 어둠처럼 주변을 감싸고 있었고, 친구도 만나기 싫고 공부도 하기 싫고 취업 준비도 안 되는 그야 말로 절망의 시간이었다.

도대체 나는 뉴질랜드에 왜 갔는지. 왜 그 좋은 기회들을 다 버리고 지금 이러고 있는지. 세상 모든 사람이 하는 결혼도 못 하고, 자기 밥그릇도 챙기지 못하는 30대의 노처녀 백수라는 타이틀을 달고 있는 나의 상황은 정말 최악의 상황이다.

무척 외향적인 내 성격으로 봐서 절대 상상할 수 없을 것 같은 '죽음'이라는 단어가 너무나 친근하게 가까운 곳에 와 있었다.

한국에 오자마자 남자친구에게 이별을 통보하고, 살던 동네를 떠나 서울이 아닌 곳에 정착하고, 살던 주거 형태가 아닌 아파트에서 처음으로 살게 되면서 느끼던 그 감정들, 사방이 고요해지고 창밖을 내다보면 온통 같은 형태의 건물이 눈앞에 펼쳐져 있는 장면들은 더욱더 나를 침울하게 했다.

처음에는 우뚝 서 있는 아파트가 닭장이라고 생각이 들었는데 시간이 지날수록 감옥이라고 생각하게 되었다. 형태도 같고, 모양도 같은 감옥에서 사람들이 같은 위치에서 밥을 먹고 같은 위치에서 잠을 잔다는 생각이 들자, 이 낯선 생활이 끔찍하게 여겨졌다.

점점 무기력해지고 시간을 보내는 것만이 유일한 낙이 되어 버려 공부한다는 핑계로 도서관에 갔다가 온 동네를 헤매고 다녔다. 침대에서 일어나기 싫었다. 그냥 온종일 자고 싶었다. 그렇지만 부모님 앞에서만은 씩씩해야 했다.

내 인생에서 가장 방황하던 시간이었다. 삶의 의미를 찾을 수 없는 시간. 무기력과 무력감이 함께 왔던 시간이었다. 지금 생각해도 어떻게 그 시간을 견뎌냈을까 싶다.

02

3개월을 그렇게 보낸 것 같다. 지난 일 년간의 뉴질랜드 삶이 무색해질 정도로 어둠에 깊이 빠져 있었다. 도무지 헤어나올 수 없을 것 같은 나날들이었다.

그러다가.

갑자기 정신이 번쩍 들었다. 나이 서른에 부모와 함께 산다는 것이 너무나 부끄러웠다. 자기 삶의 몫은 다 해야 할 텐데 왜 이러고 있나 하는 생각이 들었다. 무기력하고 의미

없는 나날들을 보내는 것은 나에게 맞지 않는 옷이었다. 문득 떠오른 생각으로 인하여 일단은 현실을 받아들이기 위해 일을 찾아야 했다. 교사는 이미 돌아갈 수 없는 직업이었고, 당장 새로운 곳에서 일하기도 쉽지 않았다.

내가 제일 잘하는 것을 찾아야 했다. '가르치는 것',

학원에서 수학을 가르친 경험을 살려서 일단 아르바이트라도 해서 스스로를 챙겨야 했다. 이 나이에 부모님에게 신세를 진다는 것은 백수보다 더 창피한 일이라는 생각이 들었다.

성장하며 나는 남한테 의존하는 삶을 별로 살아본 적이 없다. 그래서일까 어둠의 터널을 그래도 빨리 청산할 수 있었던게 아닌가 싶다.

살던 곳에서 최소 차량으로 30분이내 거리에 있는 학원을 알아보러 다니다가 그만 또 좌절했다. 강사로서의 경력 단절은 형편없는 급여를 제시받았고, 학원 강사 자리도 쉽게 찾을 수 있는 것이 아니었다. 현실은 만만치가 않았다.

으슬으슬한 기운을 느끼며 추운 겨울이 다가오는 낯선 길거리를 걸어 다니면서 여기저기 면접 보고 있는 내 신세가 한심스러웠다. 한번 생각이 부정적으로 흐르면 걷잡을 수가 없다. 내 생을 갑자기 전면 부정하는 지경까지 이르게 된 것이다.

혼자 웃음이 나왔다. 영어를 할 줄 알게 되면 나는 무역인이 되어 전 세계를 누빌 것이라고 했던 내 목소리가 내 머릿속에서 계속 울려 나왔다. 나는 이제 이 세계에 눈 떴으니 한낱 가정주부로 살 수 없다고 외치며 남자 친구에게 이별을 고했던 당당하던 모습이 얼마나 무모한 것이었는지 후회가 물밀 듯이 밀려오려고 했다.

그래도 포기하지 않고 여기저기 계속 기회를 만들려고 할 수 있었던 건 삶의 바닥에서 엄습한 생각 때문이었는데, 그래도 내게 남아있던 자존심의 불이 꺼지지 않도록 해야 한다는 것이었다. 겨우 시강 정도를 할 수 있도록 연습을 해서 다닌 결과 드디어 동네에서 꽤 큰 학원의 중등부 자리를 얻게 되었다.

사람이 죽으라는 법은 없다. 그렇지만, 가슴속에 계속 올라오는 '패배감'은 쉽게 사라지지 않았다. 겨우 학원 강사 하려고 지난 일 년간 그렇게 힘들고 외롭게 보냈나 싶은 생각이 끊임없이 올라왔고, 그러려고 한국을 떠났나 하는 후회감이 맴돌았다. 아침형 인간인 내가 밤에 일하고 늦게 자면서 떠오른 태양을 볼 수 없다는 것도 견딜 수가 없었다. 그렇지만, 나에게 선택의 여지가 없었고 내 운명을 개척하고 열심히 살자고 늘 외쳤던 에너지는 이미 상실되고 없었다.

인생의 암흑기가 시작된 것이다. 그냥 습관적으로 살기 시작했다. 학원 일이 끝나면 함께 일하는 선생님들과 맥주 한 잔 마시러 가곤 했다. 술을 마시면 보통 1시 넘어서 끝나고 그러다 집에 오면 2시에서 3시였다. 내가 세상에서 가장 혐오하던 삶이었다. 뭘 혐오까지 하나 싶겠지만, 나는 아침을 사랑하고 태양을 사랑하는 사람이었다. 새벽에 일어나서 운동하는게 가장 좋았고, 아침 시간에 한 잔의 커피 믹스로 일을 시작하거나 혹은 아침 시간을 여는 것을 제일 좋아했다.

그냥 눈뜨면 밥 먹고 좀 쉬거나 학원 교재를 연구하다 학원에 갔고, 익숙하지 않은 학원 삶에 적응하며 어색한 강사가 되어 가고 있었다. 저녁에 수업이 없는 시간에는 외고 진학반 감독을 했는데, 5학년밖에 안 된 친구들이 토플책을 꺼내놓고 밤 12시까지 공부하는 모습을 바라보며 다시 나를 한심하게 여기곤 하는 생활의 반복이었다.

이럴 땐 사랑의 실패기도 하나 더 얹힐 수 있다.

의기양양하게 뉴질랜드에서 돌아오자마자 나는 달라졌다며 남자친구에게 3일 만에 미래를 확실히 하지 않으면 여기서 끝내겠다고 선언을 했었다. 정말 지금 생각해도 왜 그런 생각을 했는지 모르겠다. 굳이 그래야 했는지 의구심이 들지만 혼자서 일방적인 드라마를 찍은 것이다.

뉴질랜드에서 그 귀한 국제 전화카드를 매일 아침 모닝콜에 소비하고 'public phone'이라는 별명까지 얻어가며 우리는 역시 질긴 인연이라는 것을 확신했던 사람과 무슨 이유에서인지 나는 헤어져야 한다고 생각했고 즉시 실행에 옮겼다. 그 대가는 너무나 컸다. 날마다 밤마다 그리움에 몸서리치는 나날들을 살았다. 지금 돌아보면 그저 위로만 받았어도 훨씬 빨리 이겨낼 수 있을 거 같았는데… 이상한 결정을 내리고는 이사한 곳의 낯선 환경까지 더해져 그리움과 외로움 그리고 패배감을 만끽하며 하루하루를 견뎌낸 거 같다.

그 사랑이 내 인생을 어둠으로 몰아간 거 같았고 당시에는 모든 것을 어디엔가 '탓'으로 돌리고 싶은 마음만 가득할 뿐이었다.

학원 출강을 하지만 딱히 그다음 단계 무엇을 하고 싶다는 바램도 없고 희망도 없고 욕망도 없이 그저 그런 나날들을 반복적으로 보내고 나는 서울도 아닌 경기도 한 도시의 외곽에서 감옥과도 같은 아파트에 갇혀 이름 없이 그저 평범하게 태어난 것을 원망하며 살아가게 될 인생으로 바뀐 것 같았다.

지금도 생생하다. 어디선가 나와 같은 고통을 느끼고 있을 사람이 있을 거다. 고통의 크기나 무게는 누구나 다 같다. 어떤 사람의 고통이 더 가볍고 무겁고를 판단할 수가 없다. 자기가 느끼는 고통이 이 세상에서 가장 크고 가장 무거운 것이다.

어느 새벽에 선생님들과 함께 맥주를 마시고 헤어져 집에 돌아가는 날 원인 모를 슬픔이 마음속 가득히 올라와 그만

공중전화로 가서 예전 남자 친구에게 전화를 걸었다. 잊고 싶어도 절대 잊히지 않던 전화번호...

받기를 바라는 마음이었는지 아니었는지 나도 몰랐다. 그냥 그 어둠의 상황에서 구원투수처럼 나에게 다시 오기를 바랐던 것 같다. 그도 아니면 나는 살아갈 가치를 느끼지 못할 거라는 생각을 했다. 전화벨 소리가 몇 차례 울리고 끊어야 하나를 순간적으로 판단하고 있을 때, 내가 끊으면 그 전화가 나에게서 온 거라고 확신하고 나를 구원해 주러 오라고 마음속으로 중얼거리며 전화를 끊으려는 순간, 저쪽에서 울리는 소리. '여보세요, 여보세요?'...............

슬픔이 왈칵 몰려왔다. 뭐라고 해야 하나? 이럴 때 뭐라고 해야 하나? 목소리를 들었는데 아무 소리도 할 수가 없었다. 내가 겨우 뱉은 말소리는 "추워"였다. 을씨년스런 겨울 날씨와 적당히 마신 맥주가 함께 온몸에 냉기를 퍼뜨리며 겨우 할 수 있었던 말이 '추워, 너무 추워...'였다. 그리고는 전화를 끊었다.

길거리에서 대성통곡하며 내 30년간의 인생을 한탄하며 그만 정리하고 싶었다.

사람으로 태어나서 제대로 된 일도 못 해보고, 제대로 된 사람을 만나 남들처럼 평범한 가정도 못 만들고. 도대체 뭘 하려고 이렇게 열심히 살아서 오늘 이런 패배자가 되어 길거리에서 이러고 있나 하는 생각으로 자괴감이 들면서 당장이라도 무엇인가 실행해야 한다고 생각했다. 모든 주어진 것이 짜증 나고 원망스럽고 한탄스럽고 온갖 부정과 슬픔이 한 번에 복받쳐 올라왔다.

03

한번 패배의 늪에 혹은 우울감에 빠지면 헤어나오기가 쉽지 않다.

오직 '의지'만이 필요하다.

나는 스스로 알았다. 힘들때, 너무나 힘들때는 어떤 사람의 위로나 희망적인 단어도 도움 되지 않는다는 것을. 오직 나의 '힘'만으로 그 어둠을 뚫고 스스로 서야 한다는 것을. 친구들을 만나면 나만 빼놓고 다 행복한 것 같고, 언제나 열심히 사는 '천지영'이라는 표식은 늘 따라붙어 아무리 내가 힘들고 우울하다고 떠들어도 내 주변 사람들은 그저 '농담'으로 들었다.

나를 진심에서 걱정하거나 위로해주는 사람이 없었다. 지금도 의문이지만 나는 이상하게 우울해도 씩씩해 보이고, 아파도 씩씩해 보이고, 힘들어도 씩씩해 보이는 에너지를 가지고 있었다. 그래서 며칠을 굶어도 위경련이 일어나도 장염이 나도 혹은 심지어 감기에 걸려도... 그렇게 아파 보이지가 않았으니 마음의 병이 겉으로 드러나기는 더 힘들었을 것 같다.

자서전도 아니고 위인전도 아닌데 삶의 역경이 왔으니 극복기가 나와야 할 것 같다.

인생은 언제나 '무브', '무브'로 표현될 수 있을 것 같다.

동네 학원은 조금 황당한 이유로 그만두고, 김포를 벗어나기로 했다. 이 우울의 근원적인 이유는 '동네'에서 왔다고 결론을 내렸다. 낯선 동네, 감옥 같은 아파트 단지, 여기를 벗어나야 내가 이 어둠에서 벗어나고 패배감을 극복할 수 있을 것 같다는 생각이 문득 들어 좀 더 큰 공간으로 나가보기로 했다.

이런 생각은 어디서 왜 왔을까? 가끔 나 자신에게 묻곤 하는 질문인데... 한없이 바닥에 내려갔다가 다시 위로 솟구치는 것이 나는 어렵지가 않았던 것 같다.

그런 생각이 올라올 때 부여잡고 놓치지 않기 위해 애쓰며, 저 가슴 밑바닥에서 올라오는 '하지 마', '하지 마' 소리를 잠재우면서 버스에 몸을 실어 서울 시내로 다시 나갔다. 그렇게 나가게 된 곳이 '신촌'. 살 것 같았다. 많은 사람 사이에 섞여 있으니 당장 에너지가 몸을 타고 올라왔다. 그랬다. 나는 사람이 많은 곳이 필요했다.

어렸을 때 동네 시장에 가서 나는 고민을 한 게 아니라 어쩌면 에너지를 받고 있었는지도 모르겠다. 그냥 거기 서 있는 것만으로도 에너지가 차오르면서 뭔가 해야 할 것 같은 무엇인가 기회가 있을 것 같았다. 어렵게 소개받은 학원으로 면접을 보러 갔다.

이것이 운명을 또 바꾸는 계기가 된 것이다. 모든 일은 지나고 나면 알게 된다. 이 얼마나 안타까운 일인가?

제법 큰 학원으로 중고등부 입시학원이었다. 말만 하면 당시 학생들은 알만한 규모로 너무 커서 사실 중압감이 왔지만, 어차피 면접이나 시강에서 떨어지면 또 다른 곳을 가면 되니 마음을 가벼이 하고 들어갔다.

원장과 부원장의 날카롭고 매서운 눈앞에서 준비해온 시강을 했는데, 부원장의 눈빛에서 나는 이미 '실패'를 읽었다. 아! 이미 끝났구나. 갑자기 확률 통계를 시강해보라는 소리에 당황해서 어떻게 시강을 했는지도 모르겠다. 대충 시강을 하고 부끄러워서 어서 자리를 뜨고 싶었다. 나는 전문가가 아니었다. 그냥 어떻게 '대충' 아이들을 가르치러 온 것이었다. 지금 생각해도 어떻게 그렇게 허술하게 준비하고 갔는지 의아하다.

'적어도 중학 수학 선생님인데... 어느 한 부분만 자신 있게 할 수 있다니...' 라는 생각을 하고 있을 무렵 원장이 홀로 들어와 내 앞에 앉으며 '저는 선생님이 좋네요. 같이 일해 보고 싶어요.'라고 하시는 게 아닌가? 이건 또 뭐지?

세상의 에너지 흐름이 있다면 이런 예기치 못한 일들을 늘 만들어내는 데 쓰이는 것일 거고 그걸 우리는 '기적'이라는 단어를 사용할 거다. 그런 제안을 받는다면 누구라도 당장 일을 하겠다고 하고 의욕적으로 대답하겠지.

네! 라고 바로 대답하고 여러 가지 조건을 듣고 있노라니 저 시골 같은 동네에서 푸대접받을 내가 아니었다는 이기적인 생각이 즉시 올라왔다. 얼마나 간사스러운지. 인간이 얼마나 수시로 바뀌는지를 스스로 경험한 시간이었다.

일주일 뒤 출근하기로 하고 가벼운 발걸음으로 학원을 나오는 순간 전화기가 울렸다. 뉴질랜드에서 만났던 동생이었다. 살짝 어두운 목소리로 동생은 시간 되면 술 한잔하자는 제안을 했고 마침 서울에 있었던 나는 사무실 앞으로 가겠다고 했다. 어차피 오후 시간이었고 취업도 되었고, 마음도 홀가분했다.

학원에 출근한 다음의 일은 생각하기도 싫었다. 내 꿈이 뭔지. 내가 하고 싶은게 뭔지 그런 걸 생각하는 건 사치에 불과했다. 그래 사치. 꿈이며, 노력이며, 희망이며 그런건 애초부터 없었어야 할 단어였다. 노력은 무슨... 경험은? 결국 우리는 다 원점으로 돌아오는 거라 생각하며 2호선 지하철을 타고 동생이 있는 곳으로 갔다.

지하철을 많이 이용하지만, 7호선 라인을 갈아타고 '내방역'이라는 곳에서 동생을 만나러 가면서 이곳이 방배동에 있는 지하철역이라는 것을 처음 알았다. 조촐한 소줏집으로 옮겨 한국에 돌아와서의 삶을 넋두리 하듯 쏟아내고, 불과 며칠 전까지도 패배자의 쓰린 마음으로 하루하루를 견뎠던 모습은 온데간데없이 마치 원래 취업을 위해 열심히 준비했던 사람처럼 학원에서 일하게 되었다고 기쁜 마음으로 이야기를 나누었다.

동생은 이야기가 끝날 무렵 갑자기 본인이 다니는 회사에 와서 일해줄 수 없겠냐는 제안을 했다. 너무 뜬금없었지만, 직원도 몇 명 없고 회사가 규모도 별로 크지도 않은데, 해달라는 업무는 관리부 업무이니 그 자리에서 당연히 거절을 했다. 지금 막 연봉도 계약하고 큰 학원에서 일하기로 했는데. 어떻게 내가 이렇게 작은 회사에서 일을 하나 싶었다. 직장에서 일한 경험도 없고 더군다나 생소한 화장품 판매하는 회사라니, 당연히 나는 아니라고 대답을 했다.

그 친구로부터 뉴질랜드에서 숱하게 들었던 화장품 이야기는 남의 이야기이지 내 이야기는 아니었으니. 23살부터 자가운전을 하고 전국을 돌며 화장품 강사를 했다는 동생의 말은 그저 나와 상관없는 먼 나라 이야기였고 나는 화장품 회사에서 일할 마음이 1도 없었다.

헤어져 집으로 돌아왔다.

학원에 출근할 일로 마음이 들떠야 하는데 이상하게 밤새 회사 이야기가 생각났다. 회사를 가야겠다. 나이 서른에 이제 학원에 가면 나는 앞으로 계속 '학원가'를 돌아야 할 것 같았다. 밤의 세계에서 계속 살아야 하는 것이 싫었다. 직장을 다니고 싶다는 생각이 들었다. 작아도 '회사'를 다니고 싶었다. 학원은 또 돌아오려고 마음만 먹으면 올 수 있지만, 회사는 마음먹어도 갈 수 있는 곳이 아니라는 생각이 들었다. 그러자 마음이 다급해졌다

다음날.

전화를 했다.

양쪽에

학원은 너무나 죄송하게도 개인적인 상황이 있어 가기 힘

들다고 이야기를 했다. 원장님이 급여가 적어서 그러냐며 당장 급여를 더 주겠다고 하셨다. 살짝 흔들렸다. '아... 나를 이렇게 가치 있게 봐주셨구나.' 감사하지만 힘들겠다고 했다.

아는 동생에게 전화를 했다. 해보고 싶다고. 사장님 만나게 해달라고.

04

인생에 기회가 온 것임을 아는 사람은 몇이나 될까?

성공한 사람들, 위대한 사람들의 자서전을 보면 늘 나오는 스토리. 이것이다! 하는 때가 있다는 데.

나는 늘 뒤돌아봐야 그것이 기회였음을 알게 된다. 다행인 것은 내가 선택하지 않은 길이 되려 기회였을 수도 있겠다는 생각은 하지 못한다는 것이다. 지나온 날들을 살펴보면 모든 것이 짜 맞춘 글 마냥 내 인생에 등장한 수많은 조연과 주연들은 반드시 그 이유가 있었다. 내가 기억 못하는 행인

이든 스쳐 지나간 인연이든 나는 모든 사람이 내 인생의 페이지를 채우기 위해 나타난 등장인물이라고 생각하게 되는 때가 많다.

이 글에 나오지 않는 내 인생을 바꾼 친구 이야기, 대학 4학년 때 선배 이야기, 뉴질랜드에서 만난 요리사 오빠, 사회에서 만난 남자 직원, 회사, 학원에서 만난 친구들, 교회 친구들, 누구 하나 내 인생에 영향을 미치지 않은 사람이 없었으니 '천지영'이라는 인생의 드라마를 찍기 위해 지나쳐버린 모든 사람을 다 기억할 수 없지만, 오늘의 나를 만들기에 이 모든 사람이 영향을 준 것임이 틀림없다는 확신이 든다.

밤새 뒤척이며 고민하고 전화를 걸어 양쪽에 통보할 때 지금 되돌아보면 '미친 짓'이었음이 분명하다. 눈앞에 안정적인 급여가 나오는 직장을 두고 도무지 해보지도 않은 관심도 없던 새로운 세계로 발을 디딛는데 그렇게 감정적으로 결정할 수 있다는 게 지금도 믿기지 않는다.

면접을 잡아준 동생 덕분에 사장님을 만나 나를 어필했다. 사장님 입장에서야 나이 많은 여직원이 부담스럽고 급여 문제도 만만치 않을뿐더러 경험이 전무한 나를 뽑는다는 게 도전이었을 거다. 지금 내가 직원을 뽑는다면 나 같은 직원을 뽑을 수 있을까? 가끔 그런 생각을 하는데 아마 쉽지 않은 결정이었다는 것은 분명하다.

사장님께 나는 그런 말을 했다. 급여가 너무 작지만, 저를 써보시지 않았으니 급여 결정하기 힘드실 거다. 그렇지만 분명 나는 몇 사람이 할만한 일을 할 수 있는 사람이다. 일단 3개월만 써보시고 다시 연봉협상을 하고 결정을 하자고 설득했다. 돌아보면 정말 무모한 설득이지만, 사장님께 꽤 설득력이 있었던 것 같다.

나는 가끔 내 성향을 보며 매우 희한하다고 느끼는 점이 보통 때는 그냥 아무 생각 없이 일만 열심히 하는 것 같은데 어떤 순간에는 저런 기질이 나온다는 것이다. 아마도 아빠를 많이 닮은 듯하다. 내 십 대를 회상해보면 늘 사업을 하는 아빠의 모습을 보고 막연하게 그런 것을 동경했던 것 아닌가 싶다. 물론 나는 위험을 제일 싫어하고 손해 보는 것을 싫어해서 절대 사업 같은 것은 할 수 없는 사람이라고 이미 정의를 내리고 살았었다.

사장님 입장에서 손해 볼 것이 없었다. 3개월을 일하기로 하고 나는 새로운 생활을 시작했다. 김포에서 내방까지의 출근은 그야말로 전쟁이었다. 하루 출퇴근이 4~5시간이 걸렸다. 집에서 버스 정류장 가는 시간만 20~30분이 걸렸고, 버스 타고 내려서 다시 지하철로 갈아타고 방배동에서 내려야 할 때는 지옥철을 경험하며 출근을 했었던 것 같다.

그래도 '회사'로 출퇴근하는 기분은 남달랐다. 학원을 출퇴근 하는 것과는 느낌이 전혀 달랐다. 다시 사회에 속한 인간이 된 기분이었다. 게다가 강남으로 출퇴근하니 새로운 인간으로 재탄생된 기분이었다.

다시 나의 기질이 나오기 시작했다. 일찍 출근하고 사무실 정리부터 시작해서 내가 할 수 있는 일들을 하나하나 체크하며 일을 하기 시작했다. 작은 회사라 장점도 있었다. 사람들이 모두 착했고, 크게 트러블도 없었다. 가끔 하는 회식도 즐거웠고, 새롭게 알아가는 '화장품'의 세계도 몹시 신기했다. 내 전문분야인 '회계'도 신이 나서 했지만, 무엇보다도 화장품 회의 중에 어떤 것들을 기획하는 것이 즐거웠다.

나를 이끌어온 동생은 화장품 강의를 했다. 피부과에서 혹은 피부 관리 시술을 하는 곳이면 어디든 강의를 했다. 매주 정기적인 교육이 사무실에서 열렸다. 교육은 내가 사랑하는 분야였으니 열심히 같이 들었다. 새로운 세계가 열리고 있었다.

나는 내가 배우는 것을 무척 좋아한다는 것을 나이 40에 알았다. 아니 사실 지금도 끊임없이 SNS를 보며 뭐 새로 배울 게 없을까 고민한다. SNS가 내게 그래서 매우 중요한 일상의 체크 포인트다. 하지만, 당시만 해도 그런 정보가 없으니 내가 무엇을 배워야 할지 잘 몰랐고 그저 책만 열심히 읽었다.

돌이켜보면 나는 사회에 첫발을 내딛는 순간에도 책을 열심히 읽었다. 왜 그랬는지는 전혀 모르겠다. 아마 이것도 '습관'의 일종이 아닐까? 나는 정독 도서관을 무척 사랑했는데 멋스런 도서관의 전경이 아마 나를 자주 이끌었던 것 같다. 고등학교 다닐 때도 정독 도서관에 가서 공부하곤 했다. 매주 나는 도서관에서 3권의 책을 빌려왔다. 물론 소설 위주의 가벼운 책들이었지만, 그당시 나는 '토지'를 완독했고, '아리랑', '태백산맥' 같은 시리즈 책을 좋아했다.

그런 내가 새로운 '화장품'이라는 세계에 발을 디딛게 된 것은 어쩌면 정말 내 인생의 '지도'에 이미 나와 있는 예정된 운명이었는지도 모르겠다.

신세계가 따로 없었다. 화장품 하면 클렌징, 크림, 로션, 세럼 이런 단어를 생각하겠지만, 내가 만난 화장품의 세계는 '스토리'와 '효과'였다. 누가 무엇 때문에 이 제품을 만들게 되었는지 배경부터 임상, 효능, 효과를 인지시키기 위한 '교육'이라는 과정이 내가 딱 원하는 스타일이었던 것 같다. 이것은 단순 지식만을 외워서 가르치는 것이 아니라 실제로 제품을 써보고 느껴야 하는 세계였다. 내가 몰랐던 새로운 세계를 알아감과 동시에 나에게 직접 실습을 해 볼 수 있는 신기한 세계였다.

단시간 내에 나는 내 특유의 기질을 발휘하여 빠르게 습득해 갔다. 일년 남짓의 기간 나는 이론적으로 화장품을 습득하기 시작했고 새로운 유통채널을 배우기 시작했다. 내가 가진 재능 중 하나인 기획이라는 부분에서 여러가지 아이디어를 내기 시작했다. 나는 점점 중요한 위치에 다다르게 되었다. 성실하고 열심히 하는 나를 사장님은 중요하게 여겼고 나는 사장님께 이런저런 직언을 하는 위치까지 올라갔다.

05

어느새 회사 생활을 한 지 1년이 되었다. 언제쯤 인생 역전이 일어날까?

나는 무슨 생각을 하며 직장 생활을 했을까? 1년 동안 새로운 세계에 대한 배움에 탐닉해 나는 이미 나의 어둠의 시절을 다 잊어버렸다. 새로운 직장인으로서의 생활을 알아가는 것과 장거리 출퇴근으로 머릿속에 생각할 겨를이 없었으며 적당히 만족하고 있었다. 내 어둠은 그렇게 끝이 나고 나는 그냥 평범한 생활에 만족하며 어쩌다 운이 좋아 결혼이라도 하게 되면 그냥 그렇게 인생을 살게 될 거라 생각하고 반복적인 삶을 살며 아무런 의문을 품지 않으며 하루하루를 생활했다.

병이다.

병이 다시 도지기 시작한 것이다. 삶의 의미를 찾기 시작했다. 이 일이 진정 내 삶에 의미를 주는 걸까? 나는 그저 그런 평범한 직장인으로 살다가 내 생을 끝마치는 것인가? 이 직업의 끝은 어디인가? 늘 내게 던져지는 화두. 다시 시작되었다. 왜 사는 걸까? 왜 열심히 살아야 하는 걸까? 나는 왜 태어난 걸까?

이런 이야기 시작하면 다들 싫어한다. 친구들도 싫어한다. 그저 일기장에 주저리주저리 쓰는 수밖에 없다.

작은 회사가 왜 작은 회사인지 그때 알았다. 사장님은 만족하고 있었다. 사장님은 야망이나 도전 의식이 없었다. 몇 명의 영업직원이 벌어다 주는 돈으로 적당히 회사를 운영하고 본인이 즐길 수 있으면 괜찮았다. 그런 사장님을 보는 게 답답해졌다. 무엇인가 지속해서 성장하고 내가 기여하는 그런 삶을 살고 싶었다. 이제 떠날 때가 되었다고 생각했다.

그러한 무렵에 갑자기 나를 이끈 동생이 사표를 냈다. 개인사가 복잡해 내가 글로 옮겨 적을 수는 없지만, 나도 그런 고민을 하고 있던 찰나에 먼저 나가니 나는 잠시 내 결정을 보류해야 하는 순간이었다. 회사 내에서 외부 '교육'을 맡았던 친구가 그만두니 영업사원들은 당장 발등에 불이 떨어졌다. 제품을 납품해야 하는데 교육할 사람이 없는 것이다. 회의 시간에 모두 나를 쳐다보았다. 내 이력서에 있던 '교사'라는 직업을 기억해 낸 것이다.

가르치는 것을 직업으로 했으니 화장품에 대한 이론 교육을 해주면 새로운 교육 실장을 뽑을 때까지 임시방편으로 해달라는 것 이었다. 나도 동의했다. 마침 일상이 반복되며 회의적일 때라 나의 재능을 발휘해 보는 것이 꽤 신선했다. 영업 사원들과 같이 다니며 '교육 영업'이라는 것을 하기 시작했다.

실제 피부관리실이나 피부과 등을 방문하며 이론 교육을 하고 내 교육이 끝나면 적당히 영업사원과 원장들 혹은 관리사 선생님들이 직접 제품을 가지고 시현을 했다. 그 부분을 못내 아쉬워했으나 어차피 교육실장을 곧 뽑을 거라 임시 역할을 충실히 수행했다.

마땅한 직원이 생각처럼 뽑히지 않자 영업사원들이 모여서 회의를 하더니 갑자기 나를 바라보며 '마사지'를 배우라는 것이었다. 교육에 대한 피드백이 좋았던 모양이다. 쉽게 잘 가르치고 이해하기 좋다는 평이 나왔다며 나에게 교육실장을 맡으라는 것이었다.

늘 인생에 기회가 온다.

내 선택이 다른 거였으면 어찌 되었을까? 역시나 나는 뒤돌아 생각해 볼 수가 없다. 내가 그런 일이 내 적성이 아니라며 거절했다면? 내가 왜 이 일을 하느냐고 당장 사표를 냈다면?

나의 호기심은 여기서도 발동했고 회사는 나를 위해 1인 강사를 섭외해 와서 사무실에서 '마사지' 테크닉을 배울 수 있도록 해주었다. 학원에 다니며 배우기에는 시간이 많이 소요되고 당장 일에 투입되어야 했기 때문이다. 나의 특유의 배움에 대한 열정이 나왔으니 내가 얼마나 열심히 배웠을지는 과히 상상이 갈 것이다. 마사지마저도 내게는 새로운 배움의 기회였고 호기심을 일으키는 영역이 되어 주었다.

매일 매일 직원들을 눕혀놓고 나는 얼굴부터 가슴까지 열심히 배운 것을 복습했다. 가족들은 나의 연습 대상이었다. 때마다, 주말마다, 나는 식구들을 대상으로 열심히 마사지 연습을 했다.

마사지나 화장품 교육은 내가 원하는 삶은 아니었다. 그런데 나는 '배우는 것'을 재미있어했다. 그저 배우는 것이 신났다. 미래에 대한 무슨 거창한 꿈이나 계획이 있었던 것도 아니고, 내가 좋아한 일도 아니었다. 그저 주어졌고 나는 받아들였고 참으로 열심히 했다.

나는 여름부터 본격적으로 교육을 나가기 시작했다. 제품을 챙기고 대중교통을 이용하며 때론 영업사원과 함께 교육을 다녔다. 나는 생각보다 가르치는 일을 꽤 잘한다. 목소리도 안정되고 늘 사람들이 쉽게 이해하도록 가르치려고 애쓴다. 내가 '이해하지 못 하는 일은 잘 전달하지 못하고, 이해하지 못한 것은 가르치지 못한다'가 나의 신념이다. 그리고 무엇보다도 나는 모든 사람이 배울 수 있다는 신념을 가지고 있다. 다만 쉽게 이해하기 좋게 가르칠 때라는 전제조건이 있지만.

교육도 열심히 하고 나는 여전히 다른 일도 같이 열심히 했다. 사장님은 열심히 하는 나 같은 직원을 좋아한다. 나는 딱히 승진이나 이런 것에 대한 욕심이 없다. 급여도 많이 요구하지 않는다. 사회에서 사장님이 딱 원하는 스타일이었다. 그렇게 또 일 년이 흘렀다.

그사이 나는 우연히 영어를 할 줄 안다는 이유로 홍콩에서 진행되는 제품 교육에 참석하게 되었고, 미국 출장도 가게 되었다. 비자가 잘 안 나오는 중소기업 만혼의 말단 여직원은 운이 좋아 쉽게 비자를 받았고 미국 땅을 밟는 영광을 갖게 되었다.

태어나서 처음으로 간 미국 땅에서 나는 정말 성실하게 출장을 수행했다. 회사 비용으로 출장 가는 것을 정말 감사하게 여긴 것 같다. 처음으로 해외 브랜드 대리점 미팅이라는 곳에 참석을 했고, 전시장을 방문했으며, 전시장 부스에서 호스트로서 대한민국 국기를 외국 브랜드 부스에 두고 한국 의사들을 맞이해 제품을 설명했다.

내가 드디어 어둠의 세계에서 후회에 후회를 거듭하던 그 '영어'라는 도구로 무엇인가를 시작한 것이다.

이 년 동안 영어를 사용하지 않았지만, 뉴질랜드에서 영어를 배웠다는 이유만으로 나는 '해외 출장'이라는 것을 거머쥐게 되었고 내 인생의 판도를 바꿀 기회를 만들었다.

작은 회사에 만혼의 나이에 관리직으로 들어가 우연히 교육 영업을 하면서 영어를 한다는 이유로 출장을 가는 이 여정은 앞으로 내 삶에 지대한 영향을 주는 일이 되었다. 2002년이었다. 지금은 2020년이다. 아무도 몰랐다. 내 앞으로의 20년 인생에 이것을 계기로 어떤 일이 일어나게 될지.

이 책을 읽는 사람들도 아무도 모른다. 오늘 책 읽는 이 순간 이후 자신의 미래에 어떤 일이 생기게 될지.

4장
이제 시작이다

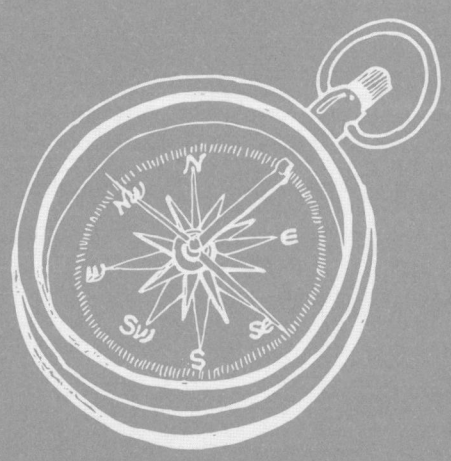

01

시간은 또 흐른다.

우리는 내가 어느 지점에서 무엇을 하는지 인지하기 쉽지 않다. 때로는 흐르는 시간에 그냥 나를 맡길 때도 있고 때로는 목표를 세우고 돌진할 수도 있다.

새롭게 시작된 교육 강사로서의 삶은 또 새로운 배움의 기회를 주었고 나는 신나서 그 기회를 만끽했다.

단순히 마사지 테크닉만 배운 것이 아니었다. 나는 에스테틱에서 일어나는 모든 것을 알아야 했다. 그 당시만 해도 에스테틱이나 병원에 제품을 공급하는 회사는 주 1회 회사 내 교육시스템을 가동했었다. 회사마다 4주내지 5주짜리 제품 교육을 제공했다. 제품뿐만 아니라 테스트를 해 볼 기회도 주며 피부 관리하는 시연까지 해주었고 화장품의 트렌드 혹은 성분 등 다양한 교육을 해주었다. 물론 교육비는 거의 없었다.

아로마부터 시작해서 매주 사장님께 허락을 받고 나는 모든 교육을 다녔다. 물론 회사의 교육 강사임을 티 내면 안되니 나는 일자리를 구하는 직원으로 가장해서 열심히 수업을 들었다. 가끔은 내가 이런 수업을 받으려고 지금까지 지냈나 하는 자괴감이 들기도 하고, 때로는 내가 가르치는 사람이었는데 지금 여기서 뭘 하는 건가 하는 생각이 들긴 했지만, 기본적으로 나는 새로운 세계를 탐험하는 걸 좋아해서 그런 생각들은 오래가지 못했다.

1년 동안은 신이 나서 교육을 받으러 다녔다. 매주 혹은 매일 만나는 사람에게 제품에 대한 정보를 전달하고 제품을 사서 쓰며 본인이 변화되었다는 이야기를 듣거나, 관리 후 환자 혹은 고객에게서 만족도가 높다는 피드백이 오면 신이

났다. 나의 교육 여부에 따라 영업하시는 분들의 매출에 영향이 가는 것도 좋았다. 새로운 브랜드 런칭을 위해서 다같이 합숙 훈련을 하며 의논하고 계획을 세워 보는 것도 좋았다. 새로운 환경을 접하면 나는 특유의 내 기질을 발휘하며 앞뒤 없이 열심히 그것을 받아들이고 습득하며 적응해갔다.

나의 인생에 다양한 경험과 배움이 쌓일 무렵 나는 이 일을 중단해야 하는 상황이 발생했다.

사실 원인과 결과의 순서를 어떻게 놓아야 할지 가끔 궁금할 때가 있다. 그걸 위해서 내가 어떤 상황을 만든 것인지, 혹은 상황이 만들어져서 그렇게 된 것인지가 늘 나에게 생각할 거리를 주었다. 대다수의 사람이 흘려 버릴 상황들이나 지나쳐 버릴 일들이지만 나는 참 곰곰이 의미를 두기도 했다.

열심히 교육하고 다니면서 다시 또 슬금슬금 회한이 오기 시작했다. 가방을 짊어지고 지하철로 혹은 대중교통으로 이동하며 교육을 하러 다니면서 제품을 파는 내 모습이 그리 예쁘고 탐탁스럽게 여겨지지 않았다. 내가 생각한 이상적인 직업인가라는 하는 생각이 계속 내 마음속을 파고들었지만,

애써 무시하며 주어진 일에 최선을 다해야 한다고 스스로 암시하며 나날들을 보냈다.

이쯤에서 뭔가 인생이 바뀌는 사건이 생겨야 할 것 같은 느낌이 슬슬 오지 않을까?

한 사람이 살아갈 때 가장 큰 인생의 방향 전환은 무엇일까? 청소년기를 지나서 청년기가 되어 직업을 갖고 사회 생활을 한다. 그러다 우연히 비행기를 타고 외국에 가서 살면서 맞이하는 변화도 인생의 방향 전환이 되겠지만, 무엇보다도 가장 큰 변화는 바로 '결혼'인 것 같다.

결혼의 과정도 소설책 한 권 분량 되겠지만, 어느 날 만난 '남자'와 단 6개월의 연애를 끝으로 '결혼생활'을 시작한 것이다. 밑도 끝도 없이 변화된 내 삶이었지만, 어느 순간부터 나는 삶에 일어나는 변화를 무척 담담하게 받아들이기 시작했다.

일어난 모든 일이 계획이 없었고 내 마음속 저 깊은 심연 속에 어떤 '바램'으로 그렸던 것들이 현실화하는 과정을 겪었기 때문에 나는 결혼이 그렇게 큰 사건이라고 받아들이지 않았다.

 직업을 버리고 땅을 바꾸는 일보다 더 큰 일은 앞으로 없을 것이라고 뉴질랜드 이후에 생각해 왔기 때문에 적당히 나이 든 노총각과 노처녀가 만나서 큰 무리수 없이 서로의 합의점을 찾아 결혼으로 마무리를 지은 것으로 이제 내게 일어나는 일들을 큰 의문점 없이 받아들이게 된 것이다.

 인생에 가장 큰 변화가 사실 결혼이어야 하는데 나는 이상하게 너무도 자연스럽게 아무런 장애물 없이 그저 흐르는 강물처럼 조용히 결혼식을 치렀다. 그리고는 내가 원하던 대로 바로 아기를 가졌다.

 임신한 것조차 나에게는 참 익숙한 장면 같았다. 너무나 자연스러운 과정이고 당연한 것처럼 여겨졌다. 난데없이 찾아온 심한 입덧으로 나는 도저히 교육강사를 계속 할 수가 없었다. 어쩌면 내 마음속 깊이 스물스물 올라오던 의구심이 또 다른 인생의 장애물로 도출된 것인지도 모르겠다.

 임신으로 나는 직업의 세계에서 떠나고 정말 평범한 주부로 거듭나야 할 상황에 직면했다.

심한 입덧은 생각 기능을 마비시키고 세상을 바라보는 눈을 닫게하고 오로지 괴로움에서 탈출하는 나날만 꿈꾸게 했다. 너무나 힘들어서 두달 동안 침대에서 나오지를 못했다. 음료수와 수면으로 난생처음 겪는 입덧을 견뎌야 했다.

짧은 기간 내 삶이 참 드라마틱하다는 생각을 하며 나는 침대와 붙어 살았고, 도무지 예측이 안 되는 이 입덧이라는 어둠의 시간이 빨리 종결되길 바랐다.

02

세상에 일어나는 일 중에는 '우연'을 가장한 일과 '운명'적인 일들이 있다.

자기 인생에서 일어나는 일들을 관찰하는 사람은 얼마나 될까? 가끔은 나처럼 많은 사람이 자기 인생을 돋보기로 들여다보며 사는지 궁금할 때가 있다.

입덧은 3개월 만에 종식되었고, 나는 내 인생 통틀어 처음으로 휴식기를 가졌다. 아침에 일어나 새벽같이 출근하는 신랑의 밥을 해주고, 치울 것도 없는 집안을 쓸고 닦으며 새

댁 놀이를 했다.

음악을 듣고 책을 읽고 위층 친구와 기나긴 수다, 백화점 나들이, 이마트 윈도우 쇼핑 등 날마다 아름다운 백수의 삶을 살았다.

태어나서 처음으로 신랑이 주는 월급과 실업급여를 가지고 하루하루를 '주부' 놀이로 보내며 넘쳐나는 시간을 주체 못 했던 내 인생에 가장 짧은 '자유시간'이었다. 다시는 그런 시간을 갖지 못한다고 생각했다면 좀 더 알차게 보냈어야 하는데 가장 아쉬움이 남는 기간이었다.

편하고 느긋한 삶을 즐기는 재주가 없음을 알았다면 주어진 시간에 최대한 잘 쉬고 활용했어야 했는데 어느덧 입덧이 끝나고 정신과 몸이 멀쩡해지면서 내 현재의 모습에 대하여 다시금 눈을 뜰 때쯤부터 또다시 병적으로 불안과 암울함이 다가왔다.

이대로 내 인생은 끝이 나는구나. 나는 이제 엄마로 아내로 살아야 하는구나. 내가 그렇게 공부하고 세상에 눈을 떴던 것은 잠시 이생에서 새로운 경험을 해준 것이었구나 하는 생각이 나를 괴롭히며 애기 엄마가 들어갈 회사가 있을까? 애를 키우며 일을 할 수 있는 기회가 주어질까? 애는 어떻게 키우고 일을 할 수 있을까? 라는 생각이 들어오며 또 다시 반복적인 암울의 세계로 한발짝 한발짝 발을 들여놓기 시작했다.

그.러.다.

인생에 변화에는 늘 계기가 있었다. 뉴질랜드로 떠날 때 우연같은 계기, 직장생활 시작할 때의 그런 계기들.

'어떤 계기'가 '우연'처럼 가장되어 '운명' 이 되는 것을 너무 많이 경험한 나에게 또 그런 일이 생겼다.

화장품 회사 다니면서 좋았던 것은 좋은 화장품을 저렴하면서도 다양하게 사용할 수 있었던 것인데, 평범한 일상으로 돌아오니 가장 아쉬운 것이 화장품을 제값을 주고 사야 하는 것이었다. 그래서 화장품 브랜드를 많이 취급하는 거래처 친한 여직원에게 연락해서 오랜만에 점심도 먹고 바깥 세상 구경도 할 겸, 그리고 화장품도 저렴하게 살겸해서 점심시간에 만나러 갔다.

미용 의료기기를 기반으로 하여 다양한 기능성 화장품을 취급하는 '그 회사'에 놀러가서 점심을 먹고 수다 떨다가 화장품을 고르고 있는데 '사장님'이 등장하셨다. 평소에 안면 정도 있는 사장님이셨는데 나를 보더니 갑자기 요즘 뭐하냐고 물어보셨다.

"저 결혼해서 아기가 생겨서 그만두고 쉬고 있어요"라고 대답했다.

그저 지나가는 말씀처럼 "그럼 애기 낳고 여 와서 일해라"라며 방으로 들어가셨다. "말씀만으로도 감사합니다!!!"를 외쳤다. 그래도 기분이 좋았다. 물론 인사치레였겠지만 그런 말을 들을 수 있다는 것만으로도 잠시 안도감이 왔다. 아기를 낳아도 기회를 만들 수 있을까 하는 묘한 기대감이었다.

만남을 마무리하고 있는데 갑자기 사장님이 다시 나오시더니 상무님을 만나고 가라고 하셨다. 정말 뜬금없는 상황이었다.

상무님은 에스테틱의 시장 동향에 관한 질문을 하셨다. 그러다 뜬금없이 "전공이 뭐지?"라고 물으셨다.

"무역을 전공했습니다."

"그래?"

"네"

반전...

인생에 일어나는 또 다른 반전.

"마침 무역직원이 사표를 냈는데, 여기서 일해보지?" "네? 저는 무역업무 경험이 없을 뿐더러 벌써 임신 6개월이 다 되어 가는데요?" "그래서?" "아? 네?, 임신한 직원이 옆에 있으면 다른 직원들이 싫어하지 않을까요?"

왜 나는 그런 대답을 했을까? 내가 생각해도 정말 황당한 질문과 답변을 주고 받고 있다는 생각을 순간적으로 한 것 같다.

그런데 뜻밖에 상무님은 "앉아서 일하는데 임신한 게 무슨 상관인가?"라고 하시면서 일할 생각 있으면 당장 출근하라고 하셨다. 너무 당황한 나머지 시간을 좀 달라고, 가족에게 신랑에게 시댁에 이야기해보고 말씀드리겠다고 하고서는 자리를 나왔다.

이 상황은 무엇이지? 도대체 이런 일이 일어날 수 있는 것일까? 농담 아닐까? 무슨 이야기를 듣고 나온 거지?

'어떤 회사가 임신한 여직원을 채용하는가. 이건 말도 안 된다. 뭔가 상무님이 순간적으로 실수하신 것이다. 그래, 정확히 언제부터 나오라고 안 하셨으니 이건 취업이 된 게 아니지. 이런 일은 생길 수가 없어.' 수없이 많은 생각이 내 머릿속을 휘젓고 다니며 파도를 치고 있었다. 한순간도 생각에서 놓여날 수가 없었다. 희망과 절망이 내 마음속에 출렁거렸다. 부정과 긍정이 끊임없이 교차하였다.

일주일쯤 뒤에 전화가 왔다.

"다음 주 월요일부터 출근하지?"

이것은 실화다.

실제 일어난 일이다. 세상에 늘 존재하는 바로 그 '기적 같은 일'이 내게 다시 일어난 것이다. 나는 고민할 필요도 없었다. 당장 나가야 했다. 누가 나를 막을 수 있을까? 아무도 막지 못한다.

당연히 신랑과 시댁은 반대했다. 그렇지만, 나는 내 삶을 사는 사람이었다. 지금까지 누구도 내 삶에 끼어들어서 이래라 저래라 한 적이 없었다. 그래서 나는 시댁이나 신랑의 의견을 반영한 고민을 하지 않았다. 고민은 온전히 내가 그것을 할 수 있느냐 아니냐를 하는 것이지, 내가 내게 주어진 환경 때문에 그것을 받아들이느냐 아니냐를 하는 것이 아니었다.

어디서 그런 용기가 나왔을까?

가끔 나는 나 스스로가 몹시 보수적이고 순종적이라고 생각되다가도 어떤 일을 저지를 땐 매우 용맹한 전사 같다는 느낌이 든다. 뒤도 돌아보지 않고 너무 앞도 보지 않는다. 주어진 그 현실에서 판단한다.

누가 봐도 나는 '일할 수 있는 상황이 아니다' 명백하다.

4개월 후면 새로운 생명을 출산해야 하는 '나'라는 사람에게 미래는 떠오르지 않았다. 그저 '지금' 이 일을 하고 싶다였다.

그리고는 결정했다.

또 다시 새로운 인생이 시작되었다.

3

  과거는 언제나 미화되고 슬픈 일은 짧게 즐거운 일은 참으로 디테일하게 남는다.

  인생을 결혼 전후로 나누면 이상하게 결혼 전 사건들은 너무나 명확하게 기억이 남고 결혼 후 일은 화살을 쏜 것처럼 순식간에 지나가 버린 화면으로 보인다.

  내 인생 2막이 시작되었다.

  임신한 30대 초반의 여직원은 다시 그 예의 '호기심'과 '열정'을 장착하고 설레는 마음으로 회사에 출근했다.

누구나 상상할 수 있고 예상할 수 있다.

보이지 않는 '장벽'이 있었다. 객관적으로 생각해봐도 '나'를 환대해 줄 직원들은 많지 않다. 보기만 해도 배가 나온 직원은 부담인데, 그것도 신입이면서 나이 많은 여직원은 모든 직원에게 보이지 않는 '반감'을 주었을 거다.

그런데 신기하게 나는 환경을 바라보지 않았다. 나는 수많은 직원을 의식한 적이 단 한번도 없었다. 아니 사실 바라볼 시간이 없었다. 일주일간의 업무 인수인계가 끝나고부터 시작된 내 새로운 삶은 지금까지 내가 살아온 삶에 있어서 한번도 느껴보고 경험해보지 못한 일이었다.

내가 받은 포지션은 '무역부'의 '화장품' 커뮤니케이션을 하는 것이었고, 당시에 회사는 '프랑스', '이태리', '미국'을 메인으로하여 화장품을 수입하고 유통하는 일을 내게 시켰다.

무역부 직원은 나를 포함해 4명이었다. 각기 맡은 업무가

달랐지만, 당시에 우리는 조금 더 시스템화된 업무환경을 통해 사장님을 포함한 모든 직원이 메일을 서로 공유했다.

지금 생각해보면 굉장히 선진화되고 효율적인 업무수행 방식이었다. 당시에 '아웃룩'을 사용하는 회사도 많지 않았을 뿐더러, 작은 회사가 이메일 공유를 통해서 회사에 돌아가는 전반적인 상황을 다같이 공유하는 회사도 없었을 것이다. 또한 이를 통해 업무 공백이 없도록 하는게 목표였고, 사장님은 모든 업무 지시를 이메일을 통하여 주셨다.

당시에는 이메일을 사용하는 나라가 아직 많지 않았다. 대부분 팩스를 사용했고, 나 역시도 오후 4시부터 계속해서 들어오는 팩스를 확인하고 문서작업을 해서 팩스로 보내 해외와 커뮤니케이션을 하는 일을 주로 했다.

회사를 떠나는 순간부터는 팩스 사용이 불가하니 퇴근 시간 이후에 이메일 업무를 처리했고 이메일과 팩스로 주고받는 해외에 있는 만나보지 못한 파트너들과의 '커뮤니케이션'은 내가 태어나 처음 맛보는 '짜릿함'이 있었다.

생각해보라.

내가 쓰는 언어가 아닌, '영어'라는 공용어를 가지고 '프랑스 사람'과 '이태리 사람'과 '미국 사람'하고 의사소통을 하고 있다는 사실은 나에게 너무나 신비로운 세상이었다. 다른 언어로 전하고자 하는 메시지를 이해하고 그것에 답변하고 또다시 질의를 하는 상황, 이런 오가는 커뮤니케이션이 나를 흥분되게 했고 나는 내가 임신한 사람이라는 것을 급기야 잊어버렸다.

이 신세계는 글로도 표현 못 할 신비로운 세계였다.

내가 영어로 커뮤니케이션을 한다니. 믿을 수가 있는가? 내 지난 10년간의 삶이 이 일을 위해 만들어진 것인가?

나는 '화장품'이라는 전혀 낯선 세계에 입문했고, 이 세계에 입문하기 전에 '뉴질랜드'라는 낯선 땅에 가서 '영어'라는 도구를 새로이 받아들이고 그 많은 어둠의 시간을 지나 지금 이 자리에 서게 되었다.

내가 아는 '화장품 지식'을 통하여 나는 전 세계 있는 얼굴도 보지 못한 사람과 매일 이야기를 하며 날마다 주어진 업무를 처리하고 있다.

지금은 각종 SNS가 발달해서 이런 느낌이 어떤 것인지, 얼마나 내가 흥분할 수밖에 없는 것인지를 의아해할 수 있겠지만, 당시에는 해외에 있는 사람과 커뮤니케이션을 자유롭게 할 수 있다는 것이 나에게는 '충격' 그 자체였다.

퇴근 후에 나는 영문독해서를 가지고 정말 열심히 공부했다. 대학 갈 때 공부했던 그 경험 이후로 내가 가장 열심히 공부했던 시절인 것 같다. 배는 점점 불러오지만 임신한 사실은 나에게 아무런 영향력도 행사하지 못했다. 사실 돌이켜보면 나는 태교를 '일'로써 한 것이었다.

큰애를 보며 가끔 미안하다는 생각이 들 때가 있다. '아기'에게 초점을 맞추지 못하고 나는 '일'에 초점을 맞추고 산 것이다. 흔하디 흔한 태교의 시간이 없었다. 퇴근하고 돌아오면 영어 공부를 하고, 궁금증에 못 이겨 이메일에 접속해서 퇴근 전 내가 보낸 메일에 답변이 없는가를 확인하는 일상이었다. 메일 박스에 줄줄이 나에게 온 답변을 보면 또 흥분해서 나도 답 메일을 보내는 것이다.

주거니 받거니를 반복하다 보면 어느새 시간은 훌쩍 12시를 넘기게 된다. 나는 잠을 잘 수가 없었다. 날마다 너무나 새로운 모험이었다. 사장님의 지시로 새로운 회사와 연결되면 나의 '공부' 욕구는 또 다시 발동이 걸리고 그 회사를 탐험하느라 나는 정신을 못 차릴 지경이었다.

내 주변을 화장품이 둘러싸기 시작했고, 나는 화장품 하나하나를 공부하고 그 제품을 만든 회사를 공부하며 시간 가는 줄을 몰랐다. 나는 이런 삶을 위해서 지금까지의 모든 과정을 겪은 것 같았다.

그렇게 3개월이 지났다.

사장님이 부르셨다. 나는 어느새 이미 만삭의 임산부였고, 배가 엄청나게 나와 있었다.

"출근하지 말고 재택근무해라!", "일주일에 한 번 나와서 서류 정리하고 애기 나올 때까지 집에서 일해라".

다시 기적이 시작되었다.

04

'운명'을 믿는가?

'운'과 '명'의 조합인 이 글자의 가장 큰 의미는 바로 '선택'이다.

하루하루 우리는 어떤 선택을 하며 살아간다. 오늘 나는 누구를 만나고 어떤 일을 하고, 그리고 어떤 '태도'를 가질 것인지. 나는 늘 주어진 일에 '최선'을 다한다. 나에게 온 것에 대해서 순응한다.

괴로움도 받아들이고 힘든 일도 받아들인다. 어떤 일이 특정하게 너무나 힘들고 괴롭다고 이야기하지 않는다. 뉴질랜드에서 돌아와 암울한 시간을 보낼 때도 타인에 비친 내 모습은 그저 하루하루 열심히 사는 사람이었다.

내 안에 고요함이 없이 다양한 생각들이 싸우고 감정을 누르며 힘들 때도 내 얼굴에서는 일기장에 쓰던 그 단어처럼 '그럼에도 열심히'가 드러나 있었다.

난생처음 재택근무를 했지만, 나는 정말 정직하게 일했던 것 같다. 아침에 출근하듯 일어나 이메일을 오픈하는 것으로 시작해서 답 메일을 보내고 사장님이 이메일로 지시하신 일을 처리하였다. 내가 일을 하고 있다는 것은 '아웃룩'의 시스템을 따라 모든 직원이 함께 공유하고 있었고, 오후에는 직원이 다양한 서류를 들고 집으로 왔다. 그야말로 선진화된 '문서수발' 시스템이었다.

해외에서 온 각종 서류를 모아서 가지고 오면 나는 집에서 처리하고 다시 직원에게 처리된 업무를 건네주면 직원은 새로 가지고 온 서류와 처리가 끝난 서류를 교환해서 가지고 돌아갔다.

'왜 사장님은 나에게 이렇게 편파적으로 파격적인 대우를 해주셨을까?' 세월이 흘러 이런 생각을 종종 하곤 했다.

그 당시 나는 한번도 그런 질문을 하지 않았다. 이상하리만큼 나는 주어진 하나하나의 배려에 의문을 갖지 못했다. 그저 주어진 환경에 감사하고 그 일에 빠져서 다른 생각을 할 겨를이 없었다. 지금 돌아보건데 나 같은 직원이 있다면 나도 그런 선택을 할 수 있을 것 같다. 밤낮으로 일만 생각하고 집에 돌아가 새벽 한두시까지 이메일을 주고받으며, 아침 제일 먼저 출근하는 직원이 있다면 어느 사장님이 그런 직원을 좋게 보지 않겠는가.

돌이켜 생각해보면 나는 일반 직원이 아니었다. 나는 '임신'이라는 특수한 상태였다. 그럼에도 불구하고 나는 일반 직원들보다 더 열심히 무엇인가를 하고 싶어 했다.

그런데 나는 참 희한하게도 사장님이 바라보는 나도 아니고 직원들이 바라보는 나도 아닌, 나는 그냥 '일'을 바라보고 있었다. 나는 너무나 신이나 있었다. 일이 내게 온 것이 신났고, 지나간 과거를 총 집합체로 생각하면 '무역'이라는 것은 마치 내가 겪은 모든 일의 '교집합'으로 내게 온 것 같았다.

세상에 어떻게 이렇게 재미있는 일이 있을까 싶을 정도로 너무나 신이 났다. 지금과 같이 워라벨을 이야기는 지구상의 '직원'들이 들으면 싫어하겠지만, 나는 정말 '일요일'이 너무나 싫었다. 당시는 토요일도 근무하던 때였으니 반나절 근무가 끝나고 회사를 정리하면 월요일까지 기다리는 것이 너무나 힘들었다. 나는 회사가 좋았고 일이 좋았고 같이 일하는 사람이 좋았다.

이제 50을 바라보는 내 인생을 통틀어 가장 재밌었던 때를 기억하라고 하면 나는 이 회사에 입사해서 일했던 4년이 이 세상에 내가 태어난 '존재감'을 만끽하던 순간이라고 이야기할 수 있을 것 같다.

그 뒤로 너무나 많은 일이 일어났다. 나만 존재하던 세상에 '아기'가 태어났고, 나는 싱글에서 기혼 여성이 되었고 다시 아기 엄마가 되었지만, 일에서 새로운 내 이름을 가지고 존재하는 내가 너무 좋았다.

나는 '천지영'이 아니었다.

나는 'Gina'였다. 이 이름은 뉴질랜드 영어 수업시간에 선생님이 지어주신 이름이었다. 32살 이후로는 내 삶에서 천지영이라는 이름보다 더 많이 불리운 이름은 '지나'였다. 나는 가상의 세계에 사는 것 같았다. 나는 대한민국의 평범한 가정에서 막내로 태어나 한국말을 하며 지극히 평범하게 살아온 여자가 아니라 전 세계를 누비고 다니는 '지나'가 되었다.

아기를 낳고 회사에 복직한 날로부터 4년간은 나는 정말 미친 듯이 일을 즐겼다. 이 세상에 태어나 나를 인정해주고 나를 알아주는 '지나'라는 이름을 맘껏 누리며 나는 새로운 삶을 살았다.

상상해보라.

나는 시공간을 초월해서 이 세상을 경험하고 있었다.

어느 날은 미국의 샌프란시스코, 마이애미, 샌디에고, 엘에이, 뉴욕, 뉴올리언즈, 어느 날은 홍콩, 싱가폴, 태국, 일본 그리고 어느 날은 나는 유럽에 있었다.

미국에 있을 때 나는 전 세계 사람을 만났다. 내가 평생 가보지 못한 낯선 나라에서 온 사람들과 '브랜드' 하나로 얽히며 나는 존재감을 느꼈다. 물론 보이지 않는 인종차별이 있고 어쩔 수 없이 유럽인들과 어울리기보다 아시아인들과 어울렸지만, 나는 내가 '지나'라는 이름으로 이 세계를 다니는 것이 너무 신났다.

나는 '각 브랜드의 대리점 미팅'이라는 타이틀 아래 전 세계를 누비며 각각의 브랜드 회사에서 교육을 받고, 미팅하고, 이야기를 하고, 멋진 유럽 문화를, 실용적인 미국 문화를 그리고 친근한 아시아 문화를 배우며 정신없이 하루하루를 보냈다.

내가 그 회사에서 지낸 총 9년간의 시간은 정말 황홀한 시간이었다.

그 긴 시간 동안 나의 인생에 드리운 많은 드라마틱한 일들이 있었지만, 그 시간은 내게 인생을, 일을, 그리고 나에게 두 명의 천사를 선사한 인생에 꽃과 같은 시간이었다.

내가 왜 영어를 배웠지? 하는 후회와 자괴감으로 채웠던 과거의 시간은 더이상 내게 없었다. 오로지 '지금' 이 순간을 위해서 나는 그토록 우연을 가장한 사건들을 체험하며 어둠의 시간을 지나온 것 같다고 생각하게 되었다.

'영어'를 통하여 접한 세계에서 나도 크고 나의 아이들도 크고 내 삶의 반경도 커가고 있었다.

05

지금도 친구들을 만나면 내가 '사업'이라는 것을 한다는 것에 너무나 신기해한다. 사실 나도 이 단어가 몹시 낯설다. 올해로 10년 차 회사를 운영하지만, 아직도 내게는 '사업'이라는 단어가 나와 관련이 없는 것처럼 느껴진다.

지난 10여 년을 나는 홀로서기에 성공해서 열심히 달려왔다. 내 삶을 내가 뒤돌아봐도 '신기함' 그 자체였다. 모든 일은 '기적'처럼 일어나고 연결되었다.

9년을 열심히 일하고, 주어진 일에 순응한 나의 삶은 신기하리만큼 욕심은 없었다.

 나는 가끔 회사의 입장이 되어 보곤 했다. 결혼하고 임신한 여성을 직원으로 채용해서 재택근무라는 파격적인 기회를 입사 3개월 만에 주고, 아기를 낳고 복직한 후에 전 세계를 돌아다닐 수 있는 기회를 줄 수 있는 회사가 세상에서 몇이나 될까?

 말도 안 되는 영어 실력으로 늦은 나이에 해외를 나갔다가 돌아와서 그것을 경험으로 하여 인생의 방향을 바꿀 수 있는 사람은 몇이나 될까?

 뉴질랜드에서 한국으로 귀국할 당시 나는 혼자서 호주와 태국을 여행하고 왔다. 지금 생각하면 정말 무모하고도 외로운 여행 일정이었다. 태어나서 처음으로 낯선 나라 여행사를 막무가내로 찾아가 여행 여정을 짜고 홀로 숙소에 머물며 내가 기대했던 것보다 더 큰 나라를 여행한 것이다. 혼자서 막무가내로 돌아다닌 여행도 있었고 스케줄 대로 움직이는 투어를 신청해서 다양한 국적의 사람들과 함께 하는 여행도 있었다.

호주의 멜버른에 그레이트 오션 투어라는 것이 있다.

해가 질 무렵 10여 명의 관광객과 함께 그곳에 갔었다. 함께 여행하는 관광객의 대부분은 나보다 어려 보였다. 그들 눈에는 동양인인 내가 나이 들어 보이지 않았겠지만, 나는 열 명 모두에게 돌아가며 왜 여행을 하는지 물어보았다. 이제 갓 고등학교를 졸업하고 인생을 고민하며 온 친구도 있었고, 사회생활을 하며 돈을 모아서 회사를 그만두고 전 세계 여행 중인 친구도 있었고, 대학을 다니다 무엇을 하는게 좋을지 고민하며 여행하는 친구도 있었다.

나는 해 질 녘 12개의 바위가 서 있는 절벽과 해안을 바라보며 나이 삼십이 되어 해외를 처음 나와보고 이런 낯선 땅을 밟아 본 것을 억울해했다. 내가 열여덟에 해외를 나가봤더라면. 내가 사는 대한민국의 서울시 한구석의 땅이 내가 사는 지구별의 다가 아니라는 것을 좀 더 빨리 알았더라면 내 인생은 바뀌지는 않았을지 모르지만, 내가 바라보는 세상은 달랐을 거라고 아쉬워했다.

저물어가는 태양 빛이 바위에 그늘을 만드는 장관을 보면서 여행 가이드가 내게 물었다. 여행이 끝나면 무엇을 하고 싶냐고. 나는 의식 없이 이야기했다. 나는 무역을 해서 전 세계를 돌아다닐 거라고. 그래서 영어를 배우러 외국에 나왔고 이렇게 배운 것을 활용해서 여행하는 중이라고. 가이드는 무척 진지하게 나의 이야기를 들어주었다. 그리고는 반드시 그렇게 되기를 바란다며 행운을 빌어주었다.

여행가이드와 찍은 사진이 아직도 내 사진첩에 있다. 나는 내가 그런 말을 했는지 까마득하게 잊고 있었다. 내가 비행기를 타려고 게이트를 통과하는 줄 속에 있던 어느 날 출장길에서 나는 그 말을 기억해 냈다. 나는 결국 내가 원하는 삶을 산 것이다. 나는 전 세계를 다니며 외국인을 만나고 함께 밥을 먹고 술을 마시며 이야기를 나누었다.

나에게는 각국에 연락하면 만날 수 있는 친구들이 있다. 부탁하면 들어줄 전 세계 친구들이 있다. 나와 비슷하게 살아온 친구도 있고, 나와 일을 했으면서 아직도 같은 회사에서 20년 차가 넘어가는 친구들도 있다. 나의 길을 응원해주는 멋진 친구가 프랑스, 이태리, 미국, 독일, 스페인, 대만, 싱가폴, 말레이시아, 일본 그리고 미국에 있다. 한국에 들어오면 우리는 만나서 서로의 지난 20년간의 삶을 이야기한다. 내가 성장하고 변화하는 모습을 보며 축하해주기도 하고 위로해 주기도 한다. 우리는 각자가 하는 일을 나누고 삶을 나눈다. 우리가 정의 내렸던 일들이 변하기도 하고 우리의 삶에 영향을 주기도 하는 것을 나눈다.

 영어를 배우는 순간 나는 내가 이렇게 될 거라고 상상하지 않았다. 영어를 배우는 목적이 내가 무역을 하기 위한 것은 아니었다. 나는 어쩌면 도피의 방식으로 외국을 나갔지만, 운명이 있다면 분명 나를 이 길로 이끌기 위한 모든 우연을 삶 곳곳에 숨겨 두었다고 믿는다. 나는 그 우연을 따라 충실히 여행했다. 불평하지 않고 주어진 삶에 최선을 다해서 대응한 것이다.

 영어라는 도구가 삶의 방향을 바꾼 것이 아니라, 영어라는 도구가 있었기 때문에 삶의 방향을 바꿀 수 있었다. 이 이야기에 풀어 놓지 않은 내 비밀 병기 하나는 내 마음속에 의도가 없는 바람과 희망은 내 삶에서 모두 실현되었다는 것이다. 나는 드림 노트라는 일기를 쓰기도 하고 아침마다 한 시간 씩 걸으며 내 인생에서 원하는 것들을 생각했었다.

 어떤 성공한 기업가처럼 깨알같은 글씨로 삶의 목적을 쓰거나 하지는 않았지만, 나는 내가 분명 원하는 것이 있었다.

그것은 '지금보다 나아지는 것'이었다. 내게 주어진 현재보다 미래가 더 나아지는 것이었고, 내 아이들에게 더 나은 삶의 여유를 주고 싶은 것이었다.

영어는 분명하게 내가 원하는 삶을 갖게 하는 원동력이 되어 주었고 확실한 도구로서 역할을 해주었다. 어느 순간부터는 나는 영어를 유지하기 위한 노력을 특별히 하지는 않았다. 내 생각과 내 일은 영어와 한국어가 자연스럽게 넘나들었다. 나는 좀 더 유연한 사고를 가질 수 있게 되었다.

5장
홀로서기 자립하다

아직도 나는 성장 중이다.

또다시 나는 직감적으로 내가 무언가를 바꿔야 할 때가 왔다는 것을 알았다.

내가 의식하기 시작한 순간부터 내게 일어나는 모든 일은 다 이유가 있었고, 내 인생에서 또 다른 모험을 해야 하기 때문이라는 것을 나는 알기 시작한 것 같다.

9년간 다닌 회사를 떠나기로 결정했다.

물론 이 단어에 속한 다양한 의미는 역시나 나를 회사에 더 이상 둘 수 없는 수많은 이유가 생겨났고 그 이유들은 돌이켜보면 필연적이었지만 사실은 내 성격에서 기인한 것도 있었다.

내가 원해서 떠난 것은 아니었다. 나는 원래 새로운 것을 좋아하지만 두려움이 많고 모험을 좋아하지는 않았다. 회사 생활을 하는 동안 나는 사실 나이를 잊고 살았다. 새로운 것, 배우는 것에 나이는 전혀 고려할 대상이 아니었다. 그렇다고 미래를 계획하며 차근차근 내 삶을 준비하고 한 단계씩 올라간 것도 아니었다. 나는 늘 주어진 것을 착실히 하고 성실히 최선을 다하는 사람이었다.

간혹 사무실 책상에 앉아 나는 아무것도 하지 않고 멍하니 생각에 잠길 때가 있었다.

가끔 정렬된 자리 배치와 창 없는 사무실 전경은 내게 흡사 감옥을 연상시켰다. 나의 영혼은 자유로운데, 나는 사무실에 앉아 컴퓨터만 바라보며 일만 하고 있었다.

우리는 사무실에 발을 들여놓는 순간 점심 식사 시간 외에는 하늘을 볼 일이 없었다.

아..

나는 하늘과 나무를 그리고 창과 창밖에 펼쳐진 풍경을 사랑했다.

나는 홀로 컴퓨터 스크린을 보며 노트북을 들고 자유롭게 일하는 내 모습을 상상하기 시작했다.

'왜 안 되지?'

'내가 하는 일이 컴퓨터에서 한시도 떠나지 않고 하는 일인데? 왜 사무실에 앉아서 이렇게 일을 해야 하지? 난 어디서나 컴퓨터만 있으면 일할 수 있는데?'

'나는 지금껏 그렇게 일해왔는데?'

모든 자료는 DVD로 받거나 인터넷을 통하여 받기 시작한 지가 꽤 되었다. 우리 사무실에는 더는 자료를 인쇄해서 철을 한 뒤 보관하는 시스템이 없어졌다. 대신 CD와 DVD만을 저장했다.

팩스로 일할 때도 나는 재택근무라는 당시로써는 생각할 수 없는 파격적인 형태로 일을 했는데 지금과 같이 핸드폰이 있고 노트북이 있는데 왜 사무실에 '갇혀서' 일을 해야 할까? 내게는 끊임없이 질문이 올라왔다.

이런 생각을 하고 있을 무렵 사내 정치를 모르는 나는 정치로 인해 시작된 인간관계에 휩쓸리기 시작했다.

권력이나 승진에 관심 없고, 오로지 일만 하는 나는 성장에 욕구가 있는 직원들에게는 암초 같은 존재였다. 나는 정말 그런 것에 관심이 없었다. 단 한번도 회사에 나를 승진시켜 달라 요구한 적이 없었다. 나의 요구는 언제나 단 하나! 기회 있을 때마다 교육에 보내줄 것! 그리고 출장을 보내줄 것! 이러한 기회만 주어지면 나는 너무나 만족해서 미친듯이 일을 했다.

출장은 나에게 휴식과 새로운 만남, 새로운 정보를 얻을 기회이자 장이었다. 교육은 나를 한층 성숙시키는 도구였다.

통상 해외 출장은 2주 정도가 소요된다. 어린아이들이 있는 엄마로서 출장을 가기에는 장애물이 많은 상황임에도 불구하고 나는 언제나 적극적인 태도로 출장을 원했고, 회사는 기꺼이 내게 기회를 주었다. 나는 떠날 때의 불편함, 나의 부재 동안의 어려움 등은 모두 뒤로 남겨두고 출장을 내 일에 대한 보상이라고 생각했던 것 같다. 한번 떠날 때마다 두 아이의 엄마로서 힘든 결정이었지만, 나에게 주어진 기회를 놓치고 싶지 않았다.

나는 일단 떠나서 공간이동을 하면 내 현재의 모든 것을 잊어버렸다. 나는 새로운 경험과 새로운 공간에서의 '내'가 너무 좋았다.

그렇지만, 회사에 다니는 직원은 일만 해서는 안 된다. 적당한 사내 정치와 승진의 욕구와 사회적 관계를 맺어야 한다. 나는 일을 중심으로 한 관계는 잘 맺었지만, 그 외 것은 관심이 없었다.

외부의 거래처들은 이런 나를 좋아했다. 오직 일에만 관심 있었고 자신의 일처럼 최선을 다해 일 처리를 해주며 특별히 요구사항이 없는 나를 좋아해 주었지만, 회사 내에서는 이런 내가 되려 공공의 적이 되었다. 나는 출산을 했을 때도 일을 했고 퇴근해서도 일을 했다. 출장을 가서도 시차를 넘나들며 내게 주어진 일들을 했었다.

지금 돌이켜보면 내가 '선'이라고 생각한 일이 때론 타인에게 '악'이 될 수도 있다는 것을 왜 그때 생각지도 못했는지 놀랍기도 하다.

2007년 3월 나는 12시 반쯤 둘째를 출산하고 3시부터 컴퓨터를 켜고 일을 했었다. 그런 나를 회사는 좋아했겠지만 직원들에게는 너무나도 불편한 존재였던 것이다. 지금 돌이켜보아도 나는 왜 그런 것들을 하나도 고려하지 않았었는지 모르겠다.

내 나이 끝자리 9에 또다시 내 인생의 변화기가 오고 있었다. 나는 눈치채지 못했고 앞에 닥친 일을 수습하기에 바빴지만, 나에게는 새로운 인생을 시작하기 위한 또 다른 단계가 오고 있었다.

사표를 냈다.

회사는 내게 다양한 제안을 하면서 잔류할 것을 권했다. 지금 생각해보면 너무나 감사한 일이긴 하지만, 그때는 사장님부터 이사님까지 돌아가면서 나를 설득하려고 하는 것이 너무나 힘들었다.

4월에 사표를 냈으나, 계속되는 반려와 회유, 설득으로 11월까지 나는 그 자리에 머물고 있었다.

이제 더는 견딜 수가 없었다. 서른아홉이라는 나이를 넘기면 나는 무엇인가 도전하기가 힘들 것 같았다. 왠지 마흔이라는 나이에 무엇을 시작한다면 너무 늦어버린 것 같았다. 나는 내가 2인자로써 적합한 성향이라고 늘 생각을 했었다. 그래서 어디선가 나를 알아주는 '주인'을 만나 다시 제2의 생활을 시작하고 싶었다.

사람들이 사표를 내면 어떤 거창한 계획을 세우고 그것을 실현하기 위해 당당하고 용감하게 행동하는 거로 생각하겠지만, 막상 어떤 일을 결정할 때는 논리적이고 이성적이기보다는 매우 감성적이 된다는 것이 나의 모습이었다. 수많은 자기계발서가 가리키는 것처럼 꿈과 목표를 세우고 거기에 가기 위한 무엇인가를 한 것은 아니었다.

나는 마침내 사표를 던졌다.

정말 던졌다.

더는 나를 붙들지도 말라고 경고를 하며

나는 홀연히 사무실을 떠났다.

02

9년간 다닌 사무실을 미련도 없이 단 한걸음의 주저함도 없이 나는 떠났다.

책상 정리를 하는 데는 몇 시간도 필요 없었으며, 나는 회사에 내가 쓰던 노트북을 가져가게 해달라고 당당히 요구했다. 노트북은 나와 함께 한 나의 삶이었다.

2010년 11월 30일 자로 나는 회사를 떠났다. 뉴질랜드 이후에 변화의 물결과 같이 내게 온 직장 생활의 마침표를 찍는 것이었는데 나는 왠지 담담했다.

그리고 새로운 삶이 펼쳐졌다…라고 인생의 행복한 엔딩이 나와야 했겠지만, 스물아홉에 뉴질랜드로 떠났을 때처럼 나는 다시 또 원점에 와 있었다. 서른아홉에 나는 다시 직장을 버리고 세상으로 던져졌다.

물론 내가 가진 환경이 엄청 변했다.

나는 스물아홉 떠나던 그때처럼 혼자가 아니었다. 내 곁에는 남편이 있고 두 딸이 있었다. 홀로 고립된 생활을 했던 스물아홉의 노처녀가 더는 아니었다.

타인이 평가할 수 있는 한에서 나는 가진 것이 많은 사람이 되어 있었다. 내가 무엇을 해도 위험하지 않은 상황이었고, 나에게는 든든한 가족이라는 백그라운드가 버티고 있었다.

태어나서 학교에 다니기 시작한 이래로 우리는 뭔가 늘 '안정적'인 상황을 꿈꾼다. 좋은 '학교'에 가면 '안정된' 나의 미래가 보장될 것 같고, 좋은 '직장'에 가면 '안정된' 급여와 환경을 만나 내 삶이 안정될 것 같다. 그러나 나는 사각형의 감옥 안에서 '무엇이 안정일까?'를 늘 고민했었다.

일단은 회사가 안정적으로 존재해야 하는데 회사는 늘 파도를 탄다. 직원은 들어오고 나가고를 반복한다. 나조차도 나이가 들어가면 과연 이 중소기업에서 살아남을 수 있을까를 고민해야 한다.

결혼하면 안정적일지 알았는데, 끊임없는 변화가 찾아온다. 새로운 가족 지도가 생기고, 아이가 생기며 새로운 환경이 계속 만들어지며, 아이들이 커가면서 맞이하는 한순간 한순간도 변화가 없는 순간이 없었다.

안정이라는 단어는 이 세상에 존재하지 않는 단어일지도 모른다.

03

사람들이 인생에 기회가 세 번 있다고들 한다. 정말 그럴까? 나를 돌아보면 기회는 숱하게 있었다. 내 인생에 큰 변화의 기틀을 마련해 준 것이 세 번이라고 하면, 수도 없이 많은 기회가 내게로 왔다가 갔다. 왜 인생의 기회가 세 번뿐일까?

말 그대로 직장을 '때려치면' 당장 자유가 오고 '어떤' 일들이 생길 것 같았다. 나는 그동안 집중하지 못했던 육아를 하고 가정에 충실하고 다시 여유로운 삶을 살 거라고 생각했다.

그렇지만, 나는 나였다.

11월 30일 자로 회사를 그만두고 12월 1일부터 나는 다시 일터로 향했다. 새로운 일터.

지난 9년간 열심히 일한 덕분에 나는 홀로서기를 하는데 아무런 어려움이 없었다. 아무것도 가진 것 없는 나에게 이러저러한 제안들이 들어왔다. 노트북 하나 가지고 회사를 떠났지만, 나는 떠나자마자 그동안 내가 쌓아놓았던 '경력'과 '열심' 덕분이었는지 여러 가지 제안을 받기 시작했고 새로운 회사에 당장 취직하는 대신 나는 프리랜서라는 삶을 시작했다!

두려웠다.

삶의 실체는 바로 그것인지도 모른다. '두려움'

내 삶에서 일을 안 해본 시간은 결혼하고 쉬었던 그 시간이 다였다. 나는 '두려웠다'. 일하지 않는 천지영으로 산다는 것이 어떤 것인지 몰랐고 상상조차 할 수 없었다.

나는 회사를 떠나기 직전에 내가 해왔던 일들을 정리하고 몇 군데 회사와 접촉을 하였다. 작은 아르바이트라도 일거리가 필요했다. 나의 9년은 헛된 시간이 아니었으며 나는 불안과 두려움이 있었지만 바로 일을 시작할 수 있었다. 나는 사무실이 필요했다. 마술처럼 새로 만나게 된 거래처 사장님이 자신의 사무실에 빈 책상이 많으니 와서 아무 데나 앉아서 일하라는 제안을 주셨다.

나는 노트북 들고 당장 그 사무실로 출근을 했다. 물론 내가 할 수 있는 일이 많지 않았다. 배려해준 대표님 역시 새로운 사업을 진행하는 시기여서 시간이 많았고 사무실은 텅 비어 있었다.

우리는 다양한 이야기를 나누고 새로 시작하는 내 인생과 일을 응원해주셨지만, 나는 사실 목적 없이 길을 가기 시작한 것과 다름이 없었기 때문에 이런 시간이 크게 의미가 있었다.

용기가 필요했고 응원이 필요했다!

다시 과거는 미화된다. 지금 돌이켜보면 정말 참 무모하다. 어쩌면 마음 한구석에 나 한사람쯤 전문가로 써줄 회사가 있을 거라 생각했는지도 모르고, 회사라는 큰 방패막을 떠나서 자유를 느껴보고 싶었는지도 모르겠다.

중요한 것은 나는 이상하리만큼 '일'에 집중되어 있었다. 내가 회사를 나와 새 삶을 시작한 때는 큰아이가 초등학교 들어가는 중요한 시기였다. 또한 함께 살지 못했던 이산가족과 같았던 우리 가족이 드디어 '합체'를 하여 살기 시작한 지 얼마 안 된 때였다. 어쩌면 나는 나의 일을 위해 나의 천사들의 삶을 희생한 지도 모르겠다.

우리들은 매주 주말에 만났으며 이런 생활을 6년간을 했다. 이제 더는 아이들과 따로 살 이유가 없었다. 새롭게 시작된 '가족'의 삶은 나에게 또 하나의 도전이었다.

그럼에도 불구하고 온통 내 머릿속에는 '일', '일', '일' 밖에 없었다.

사람은 자신이 상상한 대로 된다고 한다. 자기가 원하는 것을 생각해내면 그걸 끌어당긴다고 한다.

어쩌면 나는 내 마음속 깊은 곳에서 나를 알아주는 '삼국지의 유비'를 만나기를 고대하고 있었는지도 모른다. 내가 어디선가 열심히 일하면 나를 알아보는 '주인'이 나타날 것이라는 기대를 하고 있었던 것 같다. 그렇지만, 한편으로 나는 열심히 '일'들이 내게로 오는 상상을 했다.

나는 기존에 알았던 해외 거래처에 현재의 내 상태를 알리고 내 주변에 회사를 떠나 드디어 홀로서기 했음을 공식적으로 알렸다.

내가 하는 일들이 어떤 것인지 이미 아는 사람들과 일하는 것이 편하고, 그 사람들로부터 일거리를 받는 것이 수월했다. 신기하게도 하나씩 일이 주어졌고, 같이 탐험을 하자는 대표님이 생겼다. 그런데 더욱 신기한 것은 일이 하나씩 하나씩 오는 것이다. 절대로 한 번에 다양한 일이 오지 않았다. 내가 하나하나의 일을 통하여 새로운 세계에 정착하도록 돕는 것 같았다.

내가 다녔던 회사는 병원에서 사용하는 미용 의료기기를 주로 다루었던 회사였기 때문에 나는 의료기기 하는 사람들과 알게 될 일이 많았다. 주로 피부과의 클리닉에서 피부 미용 시술을 위해 사용되는 의료기기들이 대부분이었고, 의료기 판매에 화장품은 보조적 제품으로서 병원에서 함께 판매하던 때였다.

물론 내가 담당한 화장품을 하는 거래처도 많았지만, 이상하리만치 나는 의료기기 하는 사람들과 함께 어울렸다. 나는 어떤 일이든 마다하지 않았으며 일이 오면 즉시 알아보고 공부하는 습관을 가졌다.

마치 신이 내 일을 준비하신 것처럼 나에게 한사람씩 다가왔고, 그로 인해 생긴 일들을 끝내면 또 다른 일들이 다가왔다. 지금 돌이켜보면 가장 여유롭고 재밌었던 시절이겠지만, 사실 하루에 3시간도 잠을 못 자던 시절이었다.

내 내면은 힘들어하고 있었다. 나는 그것들을 부인하고 있었다.

나는 모험가도, 리스크를 감당할 만한 사람도 아니었지만, 나는 그냥 계속 앞으로 나갔다. 이 세상에서 내가 가장 싫어하는 단어가 있다면 '리스크'였다. 이상하게 나는 안정된 것을 좋아하면서도 모험을 하는 삶을 선택하고도 위험을 싫어하는 모순된 삶을 살고 있었다.

2011년이 되자, 나는 드디어 내 이름으로 된 개인회사를 설립하고 사업자를 등록했다. 2011년 3월 4일. 생애 태어나서 처음으로 나는 회사 이름을 만들고 회사를 설립해서 사업자 대표가 된 것이다. 직원 한 명 없는 프리랜서와 같은 삶이지만, 드디어 나는 회사가 있는 회사에 속한 사람이 아닌 어엿히 자립을 한 대표가 된 것이다.

약 5개월 동안 정신없이 많은 일들이 내게 일어났다. '갑자기'라는 단어가 맞는 것처럼 신기한 '일'들이 하나씩 내게 의뢰가 들어왔고 나는 한 번에 하나씩 매우 성실하게 일을 했다.

지금 돌이켜보면 '신기한' 일들이지만, 사실은 지난 10년간 뿌려놓은 나의 '일'에 대한 열정이었는지도 모른다. 그로부터 나는 다시 회사 다닐 때와 다름없는 일상들을 살기 시작했다.

내가 함께했던 파트너들이 연락이 오기 시작했다. 그들은 남의 일을 내 일처럼 일해줄 사람이 필요했다. 나는 조심스럽게 응답했고 그들이 원하는 데로 일을 해주었다.

회사 다니는 동안에도 나는 매년 해외에 출장을 갔다. 대부분의 출장은 '브랜드'와 관련된 교육과 화장품과 의료기기에서 유명한 '전시회'에 참석하는 것들이었다.

회사를 나온 뒤로 나는 혼자 일했지만 여전히 나는 해외 출장을 다녔고 늘 출장길에는 '누군가'와 동행을 했다.

의료기기를 판매하는 사람에게 가장 중요한 전시회는 미국에서 열리는 '미국 피부과 학회'와 유럽에서 열리는 '유럽 피부과 학회'다. 나는 이 두 전시회는 가급적 빠지지 않고 참석을 했으며 그곳에서 나와 일했던 적이 있는 사람들과 나와 일하기를 원하는 사람들을 만났다.

나는 해외업체를 컨택해서 브랜드를 한국에 가져와 유통하는 일을 했다. 나는 프리랜서에 불과했고, 나 같은 일개 작은 개인이 브랜드를 가져오려면 무엇일 필요할까? 를 늘 생각했다.

우리나라는 아직 낯설지만, 해외는 '신용조회'가 사람들에

의해 이루어졌다. 전에 일했던 혹은 현재 일하면서 알게 된 인맥이 '나의 신용'이 되는 것이다. 나는 새로운 브랜드를 컨택할때 나의 회사 소개서를 보내기는 하지만 대부분은 내가 같이 일했던 업체를 레퍼런스로 주었다. 회사는 아직 보잘것 없이 작았고 드러나게 이루어 놓은 것이 없는 상태였다.

이것은 정말 강력한 힘이 있다.

신기하게도 내가 열거하는 업체들 중 반드시 한 회사 정도는 새로 거래하려는 업체의 사람이 아는 것이었다. 그렇게 되면 일이 몹시 수월해진다. 회사의 소개서를 주기 전에 일단 여러 가지 브랜드를 아느냐고 물어보면 반드시 거기에 누군가를 잘 안다는 답변이 온다. 화장품이나 의료기기는 생각보다 시장이 좁다.

화장품의 경우는 그러한 레퍼런스로 일이 성사되는 경우가 다반사였다. 힘들게 비지니스 플랜을 주고 여러 차례 통화하고 미팅할 필요 없이 대부분 소개 하나로 한국에서 '알루스'의 '천지영'과 일하는 것은 아무런 문제가 없다고 판단하는 것이다.

한번은 의료기기 회사를 컨택할 때 해프닝이 있었다.

미국에서 아주 유명한 레이져 회사였는데, 실리콘 밸리에 위치해 있었다. 그 유명한 스티븐 잡스가 사는 동네에 본사가 있었고 같이 일하기로 한 두명의 사장님과 막무가내로 그 업체를 찾아가서 브랜드를 우리에게 달라고 미팅을 요청했다. 2시간의 짧은 미팅을 위해서 한국에서 샌프란시스코로 비행기를 타고 간 것이다.

미국 회사는 우리가 다른 업체나 다른 일이 있어 미국에 오면서 자신의 회사를 들렸다고 생각한 것 같다. 우리는 2박3일을 샌프란시스코에 머무르면서 이 회사와 미팅을 했고, 짧은 시간의 미팅 동안 커다란 임팩트를 주었다고 자부했다. 상대방의 일정이 여의치 않아 추가적인 미팅은 이루어지지 않았지만, 우리 나름대로 우리의 소망과 바램을 그곳에 뿌리고 왔다.

지금도 잊혀지지 않는 것은, 밤에 그 회사 건물에 있는 회사간판 아래서 셋이서 사진을 찍고 온 것이다. 반드시 이 회사는 우리와 일할 것이라는 믿음의 무모한 씨앗을 뿌리고 왔고, 그로부터 딱 1년 후에 같이 동행했던 사장님에게 그 브랜드와 계약을 체결할 수 있게 해주었다.

사람을 움직이는 것! 그것이 내가 가장 잘하는 것이었다. 나는 커뮤니케이션 담당이었고 나는 사람을 만나면 두려움이 없었다. 내가 가진 가장 큰 장점이자 단점일 수도 있다. 나는 먼저 나서서 사람을 만나고 아는 척 하는 성격은 아니었다. 그러나 일단 필요하다고 여겨지면 엄청나게 돌격하는 스타일이었다.

1년간 그 회사의 해외 담당자 Robert가 가는 모든 전시회를 쫓아갔었고, 그곳에서 한 두 시간씩 시간을 달라해 꼭 미팅을 했다. 한국 사람들이 가장 싫어하는 것이 외국인과 '일' 외에 이야기하는 것이다. 그래서 간혹 식사 시간이 되면 '침묵'이 너무나 자연스럽다.

한국 문화에서는 '술'로 인하여 사람들이 긴장을 풀게 되고 친해지게 되는 문화인데, 외국인은 그렇지가 않다.

희한하게도 나는 누구와 앉아서 이야기를 시작하면 다양한 주제로 끊임없이 이야기를 나눌 수 있었다. '나'에 대해서 아는 것은 참으로 중요할지도 모르겠다. 나에게 이러한 재능이 있다는 것을 최근에야 알았다. 나는 질문을 두려워하지 않고 거침없이 모르는 것을 묻는다. 대화하기 위해서 가장 좋은 수단은 '질문'이었던 것이다. 나는 본능적으로 이 점을 알았던 것 같다.

사람들은 누구나 자신의 생각을 묻는 질문에 답을 할 수 있다. 그것들은 어려운 것이 아니다. 가족, 친구, 학창 시절, 회사이력, 좋아하는 것, 문화, 사회, 뉴스 등 다양한 이슈들이 있고 국경을 넘어선 주제를 대화할 수 있기 때문에 나는 그런 시간이 두려운 적이 없었다.

그렇게 해서 미국 브랜드는 드디어 계약하게 되었고, 우리와의 계약을 주도했던 Robert는 신기하게도 우리와 일한 지 딱 1년 만에 다른 회사 부사장으로 자리를 이동했다. 나는 아직도 Robert와 인연을 맺고 있으며 우리는 딱히 이어지는 비지니스가 없어도 늘상 서로의 안부를 물으며 언젠가 또 일어날지 모르는 새로운 일을 기대하고 있다.

이런 사연들은 너무나 많다. 신기하리만치 한가지 브랜드가 끝나면 또 하나의 브랜드가 오고 나는 브랜드의 연결 다리 역할에 충실하며 살았다.

그렇게 나는 다양한 브랜드들을 한국에 소개할 수 있었고, 함께 일하는 동안은 내가 그 브랜드의 대표라는 마인드로 일을 할 수 있었다. 나는 종종 한국에서 유통하는 사장님들의 '아바타'라고 자처했다. 각 브랜드를 유통하는 사장님만큼이나 나는 각 브랜드를 좋아했고 사랑했다. 내가 수입을 하도록 도와주거나 유통을 하도록 돕는 제품들을 나는 사랑했다.

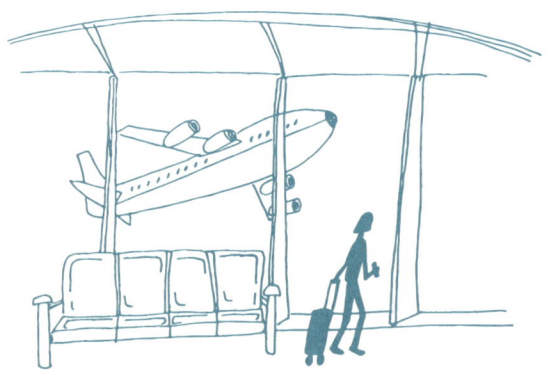

04

나는 모험가는 아니다. 나는 리스크를 감당하며 확장하는 사업가형도 아니다. 그런 내가 '사업'이라는 그림자를 쫓아다니며 10년간 열심히 일했지만, 역시 부대끼지 않을 수 없었다.

나는 사업으로 인한 리스크에 겁내했지만, 정작 내게 오는 리스크는 상상하지도 못했다.

2014년 말부터 주변에 일어난 다양한 일들로 인해서 스트레스를 받기 시작했다. 내 생애는 모험과도 같았지만, 사실 너무나 좋은 사람들과 인연이 되어 늘 무엇인가가 잘 풀리는 인생인 것처럼 여겨졌다.

2015년 평소 걸리지 않는 감기가 들어 6주간이나 나를 괴롭혔다. 주변 병원도 가보고 계속 수액도 맞았지만, 감기는 다양한 형태로 내 몸을 괴롭히고 있었다. 6주간의 장기전과도 같은 감기를 치료하며 가정의학과 선생님은 꼭 종합검진을 받을 것을 권하셨고, 한 달 정도 휴식을 취한 후 받게 된 검진에서 나는 '암'을 의심하는 소견서를 받아들었다.

인생에 이런 일도 한 번 있어야 하지 않을까?

'그래! 어떻게 매번 잘되기만 하겠어! 굽이굽이 여러 일을 겪어야겠지!'라고 생각할 겨를도 없었다. 내게는 아직 어린 아이가 둘이나 있었고, 컨설팅이라는 주제로 맡은 일이 너무나 많았다. 나는 나의 제품도 만들었다. 한 번에 너무 많은 일이 일어났다.

2015년 7월 첫 수술을 받고 난 후 나는 '암' 판정을 받았고 다시 재수술을 위한 재검사부터 9월 33회의 방사선 치료까지 검사부터 모든 치료가 끝날 때까지 딱 6개월이 걸렸다.

나는 이 기간에도 암이라는 것을 인지한 적이 없었다. 나의 일상은 너무나 똑같았다. 나는 출근을 하고 일을 하고 병원으로 다시 출근을 하고 오후에는 아이들을 돌보았다.

이 기간에 큰 아이는 학교에서 다양한 활동들을 하고 있었고, 대외적으로 활동하는 일이 많아 나는 나의 몸을 돌볼 시간이 없었다. 작은 아이는 너무나 어렸다. 나는 그야말로 고군분투하였다.

나는 아픈 척을 할 수 없었다. 사실은 나는 아픈 사람이었음에 틀림없다. 그렇지만, 나는 한시도 아플 수가 없었다. 나는 일상을 그대로 살아냈고, 아무 일 없는 것처럼 아무렇지도 않은 것처럼 살아냈다.

그해 12월에 나는 다시 다른 암의 판정을 받고 즉시 수술을 받았다. 다시 3개월여 동안 나는 식이요법, 전신 스캔 등의 암과 관련된 치료를 받고 관리를 했으며 이듬해 1월에 교통사고가 나면서 그동안 발견하지 못했던 어깨의 인대 문제로 인하여 오른쪽 어깨 수술을 또 받았다.

이쯤 되면 뭔가 인생의 큰 고난이 와서 지치고 힘들어야 하는데 나는 어디서 솟는지 모를 에너지를 가지고 있었다. 나는 건강한 사람들보다 더 건강한 사람처럼 지냈다.

나는 수술받고 치료받는 사이사이 해외 출장을 다녔고, 여전히 일하고 집에 와서 아이들을 돌보았다.

2016년에 큰아이는 다양한 외부 행사에서 두각을 나타내고 미국에서 열리는 큰 대회에 참가하는 자격을 얻었다. 나는 오후에는 큰아이 학교로 출근하다시피 했다. 나는 아프다거나 내가 환자라는 생각을 할 겨를이 없었다.

그렇게 정신없이 치료와 일상을 보내는 순간에 나는 '소송'이라는 인생 최대의 위기를 만났다. 마냥 믿었던 파트너에게 배신을 당한 것이다.

나는 이 모든 일이 소설 속에서 일어나는 주인공이 겪는 사건 같다는 생각을 했다. 끊임없이 나를 괴롭히려는 악당들이 즐비하지만, 나는 만화속 캔디처럼 아무리 넘어져도 일어나야 하고 그리고 내가 가는 길을 계속 가야 한다고 생각했다.

기나긴 소송은 2년 반의 시간을 보내고 나서야 마무리가 되었다.

너무나 많은 일을 한 번에 겪으면 우리는 그것을 생각할 겨를도 통제할 의지도 없어진다. 그냥 일들이 내게 일어나게 내버려 둔다.

2017년 아버지가 돌아가시고 내가 의지하던 멘토셨던 선생님이 돌아가셨다. 봄이 채 오기도 전에 나는 또다시 큰 상실감을 느꼈다.

지난 3년간 일어난 일들이 내게 일어난 일들이 아닌것 같았다. 나는 모든 것을 제 3자의 시선으로 바라보게 되었다. 내게 일어난 이 모든 일들이 무엇을 의미하는지 탐구하기 시작했고 나는 모든 것에서 다시 배우려고 했다.

내가 원망하던 모든 것들로부터 어느새 '나'로 시선이 돌아오게 되면서 나는 그동안 내가 했었던 태도들부터 사람들에 대한 나의 생각과 불평들이 모두 내 삶을 성숙시키지 못하게 하는 것들 임을 알아냈다.

우리는 수없이 많은 책을 보며 성장과 성숙을 이야기하며 살아가고 있다. 이 두 가지를 이루기 위해서는 아픔이 있어야 한다는 것을 나는 짧은 기간 동안 배웠다. 아픔이 없이는 우리는 가슴으로 배울 수가 없다. 나는 꿋꿋이 모든 것을 겪어냈고 극복했으며 나는 이제 완전한 '완치'를 향해 가는 중이다.

보통 사람들이 겪을 수 없는 수많은 일을 겪은 이유가 반드시 있을거라고 나는 믿는다.

나는 운이 좋았다.

나는 작은 보이지 않은 난관들을 만났지만, 나는 그걸 난관이라 여겨본 적이 없었다. 나에게는 힘든 일을 극복하는 힘이 있었고, 열정적으로 살아가는 힘이 있었고, 늘 배우려는 배움의 자세가 있었다.

홀로서기 10년의 후반부는 일과 병과 육아와 격전을 벌이는 시간이었다. 나는 이제 시선을 내게로 돌리고 있는 중이다.

지난 20여 년간 일어난 일들이 내게는 마치 '찰나'처럼 느껴지지만, 그때그때 내가 느끼고 힘들어했던 부분들이 인생의 기나긴 고난의 관문을 통과하며 하나씩 정리되었다.

나는 고등학교를 졸업하고 사회생활을 하고 다시 대학에 들어가고, 뉴질랜드라는 곳으로 갔다 왔으며 다시 안정된 직장을 버리고 홀로서기를 했지만, 아직은 완성된 것이 아니었다.

삶은 '우연' 투성이다.

우연을 만들어 내기 위해서 나는 무엇을 했을까? 나는 한시도 그냥 그 자리에 있지 않았다. 나는 계속 움직였고, 계속 사람을 만났으며, 계속 새로운 것을 탐험했다.

그래, 나는 운이 좋았다.

내 인생을 그렇게 밖에 정리할 수가 없다.

독립해서 개인회사를 운영하면서 나는 내가 '사업'이라는 것을 하게 될거라는 생각은 하지 못했다.

그러다가 어느 날 또 그 예의 '운명 같은 일'이 생겼다. 미국에서 화장품을 제조하시는 한 대표님께서 한국 시장을 알고 싶으시다며 한국에 회사를 설립하고 싶은데 함께 투자해서 회사를 같이 해보자는 제안을 하셨다. 나는 컨설팅만 할 때라 뭔가 또 새로운 것을 배울 수 있는 기회가 왔으니 '덥석' 그 기회를 잡은 것은 말할 것도 없었다. 주식회사를 설립하고 직원을 뽑고 사무실을 제대로 렌트하는 모든 과정은 내가 사업가로서의 길을 갈 수 있는 '시작점'이 되어 주었다.

프리랜서를 하면서 하는 '컨설팅'은 사실 크게 영업이 필요 없었다. 내가 하는 일은 브랜드를 소개하고 한국에서 유통을 할 수 있도록 도와 주는 일이었고 나 홀로도 충분했고 모든 것을 컨트롤 할 수 있었다. 그러나 직원을 뽑고 무엇인가를 '홍보'하고 '판매'를 하기 위한 아이디어를 짜는 것은 앞으로 내게 펼쳐질 일들의 가장 '기초'를 다듬는 기회를 제공했던 것 같다.

만 2년간의 대표이사 자리를 통하여 나는 다른 포지션으로 사람들과 만나기 시작했고 이제 비로소 내가 '사업'이라는 것을 할 수 있다는 자신감을 얻었다.

나는 주어진 일에 늘 최선을 다했다. 계산기를 두드리거나 이것이 나에게 이익을 줄 것인지 손해를 주는 것인지를 따지지 않았다. 그저 누군가가 '일할 기회'를 주면 나는 무모하리만치 배우고 익히고 실행했다.

나는 외로웠다. '사업'에는 모든 것을 혼자 결정하고 혼자 실행해야 한다. 모든 책임은 내게 있다. 그렇지만 나의 외로움과 관계 없이 나는 이 기간을 통하여 내가 속해 있는 '화장품'이라는 비지니스 세계의 모든 유통과 일의 방식들을 배우고 체험해 볼 수 있었다. 물론 이러한 것들은 내 컨설팅에도 도움이 되었고, 그로부터 7년이 지난 지금 내가 '유통'이라는 전쟁 속에 또 한번 무모하게 도전하는데 밑거름이 되었다. 이 후에 일어난 일들은 언젠가 또 다른 내 책 속에 남겨질지도 모르겠다.

모든 일들은 '과거'가 되면 미화되고 추억이 된다. 지금 돌아보면 모든 것이 아름답게 느껴진다. 하지만 생생하게 기억하는 것은 '그때'는 분명 죽고 싶을 만큼 힘든 순간순간들이 있었다는 것이다. 가슴 한 켠에 남아 있는 그 쓸쓸함과 외로움, 앞이 보이지 않는 막막함과 주저앉고 싶었던 일들이 이제는 창 앞에 있는 내 사무실 내 책상에 앉아 커피 한

잔과 함께 음미할 수 있는 추억으로 내 머릿속을 떠 오른다. 내 인생의 항로는 열아홉 내가 사회생활을 하기로 결정한 순간부터 시작된지도 모르겠다.

그렇지만 스물아홉이라는 인생에 있어 또 다른 의미를 부여할 수 있는 나이에 시작된 내 인생 모험은 지난 20년간 파도를 만나고 비바람과 천둥번개를 지나쳐 왔다고 할 수 있다. 나는 매일 아침에 하늘의 해를 찍으러 한강으로 나간다. 해는 매일 뜨지만 매번 다른 하늘을 연출한다. 나의 삶도 해처럼 언제나 동일한 '내'가 있지만, 매일매일이 다른 하루로 연출된다고 생각을 하곤 한다.

이제 마흔아홉이라는 숫자를 지나 나는 다시 인생의 반세기를 시작한다고 생각한다. 남은 나의 시간들이 잔잔한 바다이거나 밝은 햇살이 있는 청명한 나날들일 거라는 생각은 하지 않는다. 이 글을 쓰고 있었던 순간순간에도 나는 많은 새로운 일들과 사람을 만나고 도전하고 흥분하고 힘들어하곤 했다.

그럼에도 글을 쓰는 오늘은 내 인생에서 가장 아름답고 평화로운 날이라고 생각한다. 내 과거를 떠올리며 웃음 짓기도 하고 슬픔에 젖기도 하지만, 나는 후회는 하지 않는다.

지금도 나는 내 인생의 항해를 하고 있는 중이다. 내가 겪은 일들이 일반 사람들이 공유하지 못하는 경험은 아니라고 생각한다. 사람들은 모두 각자 자기의 그릇에 맞는 기쁨과 슬픔, 힘듦과 어려운 시간을 갖는다고 생각한다. 그렇지만, 어디선가 자신에게 주어진 시간들을 힘들어하며 견디어내면서 희망 없는 삶이라고 비관하고 있는 누군가가 있다면 아직은 끝이 아니라고 말해주고 싶다.

지금 돌이켜보면 20대 후반의 나의 도전은 무모한 것이었다. 그렇지만, 오늘 지금의 '나'를 만든 것은 그 도전 때문이었다는 것을 확신한다. 앞으로 남은 내 인생이 순탄할지 또 다른 암초를 만날지 모르지만, 나는 또 한 발을 내딛으며 '무모해 보이는 도전'을 계속할 것 같다.

그것이 옳은 것인가 아닌가를 따져보지 않을 것 같다. 나에게 온 모든 것을 감사히 겸허히 받아들이며 나는 그 하루를 살아갈 거다.

누가 알 수 있을까 오늘 하루의 나의 결정이 또 다른 나의 내일의 어떤 상황의 '계기'가 될지를? 그래서 나는 열심히 한다. 최선을 다한다. 주어진 것에 순응하며 새로 도전한다.

마흔아홉 천지영의 성장기는 멈추지 않는다.